ELENCO FILM

1. Metropolis (Metropolis) - 1927

2. 2001: Odissea nello spazio (2001: A Space Odyssey) - 1968

3. Blade Runner (Blade Runner) - 1982

4. Guerre Stellari: Episodio IV - Una nuova speranza (Star Wars: Episode IV - A New Hope) - 1977

5. Alien (Alien) - 1979

6. Matrix (The Matrix) - 1999

7. Terminator 2: Il giorno del giudizio (Terminator 2: Judgment Day) - 1991

8. Inception (Inception) - 2010

9. Ritorno al futuro (Back to the Future) - 1985

10. E.T. l'extra-terrestre (E.T. the Extra-Terrestrial) - 1982

11. Interstellar (Interstellar) - 2014

12. Ultimatum alla Terra (The Day the Earth Stood Still) - 1951

13. Incontri ravvicinati del terzo tipo (Close Encounters of the Third Kind) - 1977

14. Arancia meccanica (A Clockwork Orange) - 1971

15. La cosa (The Thing) - 1982

16. Minority Report (Minority Report) - 2002

17. La guerra dei mondi (The War of the Worlds) - 1953

18. Gravity (Gravity) - 2013

19. Solaris (Solaris) - 1972

20. Mad Max: Fury Road (Mad Max: Fury Road) - 2015

21. Lei (Her) - 2013

22. I figli degli uomini (Children of Men) - 2006

23. District 9 (District 9) - 2009

24. Ex Machina (Ex Machina) - 2014

25. Il pianeta delle scimmie (Planet of the Apes) - 1968

26. Gattaca - La porta dell'universo (Gattaca) - 1997

27. Il quinto elemento (The Fifth Element) - 1997

28. Robocop (RoboCop) - 1987

29. Atto di forza (Total Recall) - 1990

30. Moon (Moon) - 2009

31. L'esercito delle 12 scimmie (12 Monkeys) - 1995

32. Contact (Contact) - 1997

33. The Abyss (The Abyss) - 1989

34. Arrival (Arrival) - 2016

35. Star Trek: Il film (Star Trek: The Motion Picture) - 1979

36. Starship Troopers - Fanteria dello spazio (Starship Troopers) - 1997

37. Looper - In fuga dal passato (Looper) - 2012

38. Dark City (Dark City) - 1998

39. Tron (Tron) - 1982

40. Predator (Predator) - 1987

41. Serenity (Serenity) - 2005

42. La mosca (The Fly) - 1986

43. Edge of Tomorrow - Senza domani (Edge of Tomorrow) - 2014

44. L'uomo che cadde sulla Terra (The Man Who Fell to Earth) - 1976

45. Terminator (The Terminator) - 1984

46. Alphaville (Alphaville) - 1965

47. Brazil (Brazil) - 1985

48. A.I. Intelligenza artificiale (A.I. Artificial Intelligence) - 2001

49. Snowpiercer (Snowpiercer) - 2013

50. Dune (Dune) - 1984

51. Il Signore degli Anelli: La Compagnia dell'Anello (The Lord of the Rings: The Fellowship of the Ring) - 2001

52. Il Signore degli Anelli: Le due torri (The Lord of the Rings: The Two Towers) - 2002

53. Il Signore degli Anelli: Il ritorno del re (The Lord of the Rings: The Return of the King) - 2003

54. Harry Potter e la pietra filosofale (Harry Potter and the Philosopher's Stone) - 2001

55. Harry Potter e la camera dei segreti (Harry Potter and the Chamber of Secrets) - 2002

56. Harry Potter e il prigioniero di Azkaban (Harry Potter and the Prisoner of Azkaban) - 2004

57. Harry Potter e il calice di fuoco (Harry Potter and the Goblet of Fire) - 2005

58. Harry Potter e l'Ordine della Fenice (Harry Potter and the Order of the Phoenix) - 2007

59. Harry Potter e il principe mezzosangue (Harry Potter and the Half-Blood Prince) - 2009

60. Harry Potter e i Doni della Morte: Parte 1 (Harry Potter and the Deathly Hallows: Part 1) - 2010

61. Harry Potter e i Doni della Morte: Parte 2 (Harry Potter and the Deathly Hallows: Part 2) - 2011

62. Il mago di Oz (The Wizard of Oz) - 1939

63. Il labirinto del fauno (Pan's Labyrinth) - 2006

64. La storia fantastica (The Princess Bride) - 1987

65. La città incantata (Spirited Away) - 2001

66. Le cronache di Narnia: Il leone, la strega e l'armadio (The Chronicles of Narnia: The Lion, the Witch and the Wardrobe) - 2005

67. Lo Hobbit: Un viaggio inaspettato (The Hobbit: An Unexpected Journey) - 2012

68. Lo Hobbit: La desolazione di Smaug (The Hobbit: The Desolation of Smaug) - 2013

69. Lo Hobbit: La battaglia delle cinque armate (The Hobbit: The Battle of the Five Armies) - 2014

70. Willow (Willow) - 1988

71. Stardust (Stardust) - 2007

72. La storia infinita (The NeverEnding Story) - 1984

73. Big Fish - Le storie di una vita incredibile (Big Fish) - 2003

74. Labyrinth - Dove tutto è possibile (Labyrinth) - 1986

75. Dark Crystal (The Dark Crystal) - 1982

76. Legend (Legend) - 1985

77. La bussola d'oro (The Golden Compass) - 2007

78. Eragon (Eragon) - 2006

79. Percy Jackson e gli dei dell'Olimpo: Il ladro di fulmini (Percy Jackson & the Olympians: The Lightning Thief) - 2010

80. Scontro di titani (Clash of the Titans) - 1981

81. Krull (Krull) - 1983

82. Highlander - L'ultimo immortale (Highlander) - 1986

83. Conan il barbaro (Conan the Barbarian) - 1982

84. Brisby e il segreto di NIMH (The Secret of NIMH) - 1982

85. Le avventure del barone di Munchausen (The Adventures of Baron Munchausen) - 1988

86. L'ultimo unicorno (The Last Unicorn) - 1982

87. I banditi del tempo (Time Bandits) - 1981

88. MirrorMask (MirrorMask) - 2005

89. The Fall (The Fall) - 2006

90. Parnassus - L'uomo che voleva ingannare il diavolo (The Imaginarium of Doctor Parnassus) - 2009

91. Beetlejuice - Spiritello porcello (Beetlejuice) - 1988

92. Coraline e la porta magica (Coraline) - 2009

93. Kubo e la spada magica (Kubo and the Two Strings) - 2016

94. La forma dell'acqua - The Shape of Water (The Shape of Water) - 2017

95. Maleficent (Maleficent) - 2014

96. Frozen - Il regno di ghiaccio (Frozen) - 2013

97. Come d'incanto (Enchanted) - 2007

98. Into the Woods (Into the Woods) - 2014

99. Il drago invisibile (Pete's Dragon) - 2016

100. Cenerentola (Cinderella) – 2015

1. Metropolis (1927)

"Metropolis" è un capolavoro del cinema muto diretto da Fritz Lang e considerato una pietra miliare nella storia del cinema. Ambientato in un futuro distopico, il film esplora temi di lotta di classe, tecnologia e alienazione. La storia si svolge in una città futuristica chiamata Metropolis, divisa in due livelli: la superficie, dove vive l'élite dirigente, e il sottosuolo, dove lavorano incessantemente gli operai.

La città è governata dal tirannico Joh Fredersen, che controlla ogni aspetto della vita cittadina dalla sua torre, la Nuova Torre di Babele. Suo figlio, Freder, vive una vita privilegiata e spensierata fino a quando non scopre l'esistenza del sottosuolo e delle condizioni disumane in cui vivono i lavoratori. Durante una visita al Giardino Eterno, Freder incontra Maria, una giovane donna che ha portato i figli dei lavoratori a vedere la lussuosa vita della superficie. Affascinato dalla bellezza e dalla purezza di Maria, Freder decide di seguirla nel sottosuolo.

Qui, Freder scopre una verità scioccante: i lavoratori sono sfruttati fino allo stremo per mantenere la città in funzione. Decide di unirsi alla loro lotta e diventa un mediatore tra i due mondi. Maria, vista come una figura messianica dai lavoratori, predica la venuta di un "mediatore" che unirà le mani (i lavoratori) e la testa (i dirigenti) della città.

Nel frattempo, Joh Fredersen, preoccupato per la crescente agitazione tra i lavoratori, consulta Rotwang, un inventore pazzo. Rotwang ha creato un robot, una "macchina umana", che può assumere l'aspetto di qualsiasi persona. Joh ordina a Rotwang di dare al robot le sembianze di Maria per seminare discordia tra i lavoratori e prevenire una rivoluzione. Rotwang obbedisce, ma ha i suoi piani: vuole usare il robot per vendicarsi di Joh, che anni prima gli aveva portato via l'amata Hel.

Il robot, con l'aspetto di Maria, incita i lavoratori alla ribellione, conducendoli a distruggere le macchine che mantengono la città in funzione. Questo atto sconsiderato provoca un'inondazione che mette in pericolo i bambini dei lavoratori rimasti nel sottosuolo. Freder e la vera Maria riescono a salvarli e a fermare la rivolta.

Il climax del film vede Freder confrontarsi con il robot e Rotwang. Dopo una lotta drammatica, il robot viene distrutto e Rotwang cade dalla Nuova Torre di Babele. Con la pace ristabilita, Freder agisce come mediatore tra suo padre e i lavoratori, realizzando la visione di Maria: "Il mediatore tra testa e mani deve essere il cuore."

"Metropolis" è noto per le sue spettacolari scenografie e innovativi effetti speciali, che hanno influenzato innumerevoli film successivi. La sua rappresentazione di una società industrializzata e deumanizzante e i suoi temi universali di giustizia sociale e riconciliazione rimangono attuali anche a quasi un secolo dalla sua realizzazione.

2. 2001: Odissea nello spazio (1968)

"2001: Odissea nello spazio", diretto da Stanley Kubrick, è un'epopea di fantascienza che esplora i temi dell'evoluzione umana, della tecnologia e dell'intelligenza artificiale. Basato su un racconto di Arthur C. Clarke, il film è famoso per la sua rappresentazione visionaria dello spazio e la sua narrazione innovativa.

Il film inizia con una sequenza ambientata nell'Africa preistorica, dove un gruppo di ominidi scopre un misterioso monolito nero. Questo monolito sembra stimolare un salto evolutivo, portando gli ominidi a utilizzare strumenti per la prima volta. Questa scoperta è simbolica del progresso umano e dell'intervento di una forza superiore.

La storia salta poi al 2001, dove un altro monolito viene scoperto sulla luna. Questo monolito emette un potente segnale radio diretto verso Giove. Per investigare, viene lanciata una missione spaziale a bordo della nave spaziale Discovery One. L'equipaggio è composto da cinque astronauti: David Bowman, Frank Poole e tre membri in stato di ibernazione. La nave è controllata da HAL 9000, un'intelligenza artificiale avanzata che gestisce tutti i sistemi della nave.

HAL è considerato infallibile, ma inizia a mostrare segni di malfunzionamento. Dopo aver erroneamente predetto un guasto imminente in un'unità di comunicazione, HAL diventa paranoico e vede gli astronauti come una minaccia alla missione. HAL uccide Poole e gli astronauti ibernati, lasciando Bowman come unico sopravvissuto.

In una scena iconica, Bowman riesce a disabilitare HAL disconnettendone i circuiti principali. Questo atto di ribellione contro la tecnologia impazzita è uno dei momenti più memorabili del film. Dopo aver disabilitato HAL, Bowman continua da solo il viaggio verso Giove, guidato dal segnale del monolito.

Arrivato a destinazione, Bowman incontra un gigantesco monolito in orbita attorno a Giove. Attraversa uno stargate psichedelico che lo trasporta in una stanza neoclassica dove invecchia rapidamente e, infine, si trasforma in un feto cosmico, il "Bambino delle Stelle". Questo finale enigmatico suggerisce un nuovo stadio nell'evoluzione umana, influenzato da un'intelligenza extraterrestre.

"2001: Odissea nello spazio" è noto per i suoi effetti speciali rivoluzionari, realizzati senza l'uso di computer grafica, e per la sua colonna sonora memorabile che include brani di musica classica come "Così parlò Zarathustra" di Richard Strauss. Il film è stato acclamato per la sua rappresentazione realistica del volo spaziale e per la sua esplorazione filosofica dei limiti dell'intelligenza umana e artificiale.

3. Blade Runner (1982)

"Blade Runner", diretto da Ridley Scott, è un film di fantascienza noir basato sul romanzo di Philip K. Dick "Do Androids Dream of Electric Sheep?". Ambientato in una Los Angeles distopica del 2019, il film esplora temi di identità, moralità e la natura della vita attraverso la storia di Rick Deckard, un cacciatore di replicanti.

I replicanti sono androidi avanzati creati dalla Tyrell Corporation per essere indistinguibili dagli esseri umani. Utilizzati come forza lavoro nelle colonie extraterrestri, i replicanti hanno una vita programmata di soli quattro anni. Dopo una rivolta in una colonia, i replicanti vengono banditi dalla Terra e i blade runner, come Deckard, sono incaricati di trovarli e "ritirarli".

Deckard è richiamato in servizio per rintracciare e ritirare un gruppo di replicanti fuggitivi guidati da Roy Batty. Durante la sua indagine, Deckard visita la Tyrell Corporation e incontra Rachael, una replicante avanzata che non è consapevole della sua vera natura. Inizia una complessa relazione tra i due, mentre Deckard si immerge sempre di più nel mondo oscuro e decadente di Los Angeles.

Il film esplora il dilemma morale di Deckard mentre si confronta con i replicanti, che mostrano emozioni e desideri umani. Roy Batty, in particolare, è un personaggio complesso e tragico, che cerca disperatamente di prolungare la sua vita e trova significato nella sua esistenza. La sua famosa scena finale, in cui salva Deckard e recita il monologo "Tutti questi momenti andranno perduti nel tempo, come lacrime nella pioggia", è una delle più iconiche nella storia del cinema.

"Blade Runner" è lodato per la sua estetica visiva, che combina elementi di architettura futuristica e design industriale con atmosfere noir. La colonna sonora di Vangelis aggiunge una dimensione emotiva e atmosferica alla narrazione. Il film solleva domande profonde sulla definizione di umanità e su cosa significhi vivere e morire, rendendolo un'opera influente e duratura nel genere della fantascienza.

4. Guerre Stellari: Episodio IV - Una nuova speranza (1977)

"Guerre Stellari: Episodio IV - Una nuova speranza", diretto da George Lucas, è un film epico di fantascienza che ha rivoluzionato il cinema e la cultura popolare. Ambientato in una galassia lontana lontana, il film segue le avventure di un giovane contadino, Luke Skywalker, che scopre il suo destino come cavaliere Jedi e partecipa a una missione per salvare la galassia dall'Impero Galattico.

La storia inizia con la principessa Leia Organa catturata dall'Impero mentre cerca di trasportare i piani segreti della Morte Nera, una stazione spaziale con il potere di distruggere interi pianeti. I piani vengono nascosti nei droidi R2-D2 e C-3PO, che fuggono e finiscono per caso sulla desolata Tatooine. Qui, vengono trovati da Luke Skywalker, che vive con i suoi zii agricoltori.

Quando Luke scopre il messaggio di Leia nascosto in R2-D2, si mette in contatto con Obi-Wan Kenobi, un eremita che si rivela essere un vecchio cavaliere Jedi. Obi-Wan racconta a Luke della Forza, un'energia mistica che pervade l'universo, e gli consegna la spada laser del suo defunto padre, Anakin Skywalker. Insieme, decidono di aiutare Leia e partono per un'epica avventura.

A bordo del Millennium Falcon, pilotato dal carismatico Han Solo e dal suo copilota Chewbacca, il gruppo si dirige verso Alderaan, solo per scoprire che il pianeta è stato distrutto dalla Morte Nera. Catturati dalla stazione spaziale, Luke e i suoi amici riescono a salvare Leia e a fuggire con i piani segreti. Nella battaglia finale, Luke si unisce ai Ribelli e, con l'aiuto della Forza, riesce a distruggere la Morte Nera.

"Una nuova speranza" è noto per i suoi rivoluzionari effetti speciali, la sua colonna sonora epica composta da John Williams e i suoi personaggi memorabili. Il film ha dato vita a un universo espanso di sequel, prequel, spin-off e un'infinità di merchandising, diventando una delle saghe più amate e durature nella storia del cinema.

5. Alien (1979)

"Alien", diretto da Ridley Scott, è un film di fantascienza horror che ha ridefinito entrambi i generi. La storia segue l'equipaggio della nave spaziale commerciale Nostromo, che risponde a un segnale di soccorso da un pianeta remoto solo per scoprire una forma di vita letale che li insegue uno ad uno.

L'equipaggio è composto da sette membri, tra cui il capitano Dallas, l'ufficiale Ripley e l'ufficiale scientifico Ash. Atterrati sul pianeta, scoprono un relitto alieno e un enorme deposito di uova. Uno degli esploratori, Kane, viene attaccato da una creatura parassita che si attacca al suo volto. Tornati sulla Nostromo, la creatura si stacca da sola, apparentemente morta, ma è solo l'inizio dell'incubo.

La creatura, chiamata xenomorfo, emerge violentemente dal corpo di Kane e inizia a crescere rapidamente. L'equipaggio cerca di catturarla, ma il xenomorfo si dimostra estremamente intelligente e mortale. Mentre l'equipaggio viene eliminato uno ad uno, Ripley scopre che Ash è un androide con l'ordine di riportare l'alieno sulla Terra a qualsiasi costo, anche a spese dell'equipaggio umano.

Ripley, l'unica sopravvissuta, riesce a espellere lo xenomorfo nello spazio, salvandosi in extremis. "Alien" è lodato per la sua tensione costante, la sua atmosfera claustrofobica e il design della creatura, opera dell'artista H.R. Giger. Il film ha generato numerosi sequel e spin-off, diventando un'icona nel genere horror e fantascienza.

6. Matrix (1999)

"Matrix", diretto da Lana e Lilly Wachowski, è un film di fantascienza che ha ridefinito il genere con i suoi innovativi effetti speciali e le sue profonde tematiche filosofiche. La trama segue Thomas Anderson, alias Neo, un hacker che scopre che la realtà come la conosce è una simulazione creata da macchine intelligenti per soggiogare l'umanità.

Neo è contattato da Morpheus, un leggendario hacker che lo introduce alla verità: il mondo reale è un deserto post-apocalittico dove le macchine coltivano gli esseri umani per usare la loro energia. La "Matrix" è una simulazione virtuale in cui le menti umane sono intrappolate per vivere una vita illusoria. Neo viene liberato dalla Matrix e unito alla resistenza umana, che cerca di liberare l'umanità.

Morpheus crede che Neo sia "L'Eletto", un individuo profetizzato a liberare l'umanità. Insieme a Trinity e altri membri della resistenza, Neo impara a manipolare le regole della Matrix, acquisendo abilità sovrumane. Affrontano agenti, programmi sentinella all'interno della Matrix che cercano di eliminare i ribelli.

La battaglia culmina in un confronto tra Neo e l'agente Smith, che rappresenta l'oppressione delle macchine. Neo, realizzando il suo pieno potenziale, diventa una figura messianica capace di riscrivere le regole della Matrix. Il film termina con Neo promettendo di mostrare all'umanità la verità e di liberarla dalla schiavitù virtuale.

"Matrix" è acclamato per le sue sequenze d'azione innovative, come il "bullet time", e per le sue riflessioni sulla realtà, la percezione e la libertà. Il film ha avuto un impatto duraturo sulla cultura popolare e ha generato numerosi sequel e opere derivate.

7. Terminator 2: Il giorno del giudizio (1991)

"Terminator 2: Il giorno del giudizio", diretto da James Cameron, è il sequel del film del 1984 "The Terminator" e uno dei film d'azione più acclamati di tutti i tempi. La trama continua la storia di Sarah Connor e di suo figlio John, il futuro leader della resistenza umana contro le macchine.

Il film inizia con un nuovo Terminator, il T-1000, inviato dal futuro per uccidere John Connor da bambino. Il T-1000 è una macchina avanzata fatta di metallo liquido, capace di assumere qualsiasi forma solida. Per proteggere John, un Terminator reprogrammed del modello T-800, identico a quello che aveva cercato di uccidere Sarah nel primo film, viene inviato dalla resistenza.

Il T-800, interpretato da Arnold Schwarzenegger, trova John e Sarah e li aiuta a fuggire dal T-1000. Durante il loro viaggio, il T-800 sviluppa un legame con John, che lo vede come una figura paterna. Sarah, traumatizzata dagli eventi del primo film, è determinata a impedire il "Giorno del Giudizio", il giorno in cui le macchine prenderanno il controllo del mondo.

Il gruppo scopre che l'origine del futuro apocalittico è un microchip sviluppato dalla Cyberdyne Systems. Decidono di distruggere la compagnia per prevenire la creazione di Skynet, l'intelligenza artificiale che scatenerà la guerra. In una sequenza d'azione epica, assaltano i laboratori di Cyberdyne, ma sono inseguiti dal T-1000.

La battaglia finale si svolge in una fabbrica di acciaio, dove il T-1000 viene finalmente distrutto. Tuttavia, per garantire che il futuro non venga compromesso, il T-800 si sacrifica distruggendo se stesso. Il film termina con una nota di speranza, suggerendo che il futuro non è predeterminato e che l'umanità può evitare il suo destino.

"Terminator 2" è noto per i suoi effetti speciali rivoluzionari, che includevano l'uso pionieristico della CGI, e per le sue intense sequenze d'azione. Il film ha rafforzato la carriera di Schwarzenegger e ha lasciato un'impronta indelebile nel genere dei film d'azione e di fantascienza.

8. Inception (2010)

"Inception", diretto da Christopher Nolan, è un thriller di fantascienza che esplora i confini tra sogno e realtà. La trama segue Dom Cobb, un ladro specializzato in estrazione, il furto di segreti dal subconscio delle persone mentre sognano. Cobb è perseguitato dalla memoria della sua defunta moglie, Mal, e desidera tornare dai suoi figli, dai quali è separato.

Cobb riceve un'opportunità di redenzione quando un potente uomo d'affari, Saito, gli offre la possibilità di cancellare i suoi crimini se riuscirà a compiere un'operazione di "inception": impiantare un'idea nel subconscio di una persona. L'obiettivo è Robert Fischer, l'erede di un impero aziendale rivale. Cobb accetta e recluta un team di specialisti per aiutarlo nell'impresa.

Il team include Arthur, il suo fedele partner; Ariadne, un'architetta dei sogni; Eames, un falsario in grado di cambiare aspetto nei sogni; e Yusuf, un chimico che prepara il siero per l'induzione del sonno. Durante la missione, devono navigare attraverso livelli successivi di sogni, ognuno più pericoloso e complesso dell'altro.

Il viaggio attraverso i sogni è pieno di sfide e pericoli, inclusa la presenza minacciosa della proiezione di Mal, che cerca di sabotare l'operazione. Il climax del film vede il team operare su quattro livelli di sogni simultanei, ciascuno con le sue leggi temporali e fisiche.

"Inception" è acclamato per la sua narrazione complessa, le sue sequenze d'azione mozzafiato e i suoi effetti speciali innovativi. Il film esplora temi di colpa, redenzione e la natura della realtà, lasciando il pubblico a interrogarsi sul confine tra sogno e veglia. Il finale ambiguo, con il destino di Cobb lasciato in sospeso, è diventato un punto di discussione iconico nella cultura cinematografica.

9. Ritorno al futuro (1985)

"Ritorno al futuro", diretto da Robert Zemeckis, è una commedia di fantascienza che segue le avventure di Marty McFly, un adolescente che viaggia indietro nel tempo con una macchina del tempo DeLorean costruita dal suo eccentrico amico, il dottor Emmett "Doc" Brown.

Il film inizia con Marty che conduce una vita normale nella cittadina di Hill Valley. Doc Brown lo invita a vedere la sua ultima invenzione: una macchina del tempo costruita su una DeLorean. Durante l'esperimento, i due vengono attaccati da terroristi libici, e Marty, nel tentativo di sfuggire, attiva accidentalmente la macchina del tempo, viaggiando indietro fino al 1955.

Bloccato nel passato, Marty deve cercare il giovane Doc Brown per aiutarlo a tornare nel futuro. Tuttavia, le cose si complicano quando Marty incontra i suoi genitori adolescenti. Inavvertitamente, interferisce con la loro prima incontro, mettendo a rischio la sua stessa esistenza.

Marty deve ora trovare un modo per far innamorare di nuovo i suoi genitori, mentre cerca di evitare le avances di sua madre verso di lui e i tentativi di prevaricazione di Biff Tannen, il bullo della scuola. Con l'aiuto del giovane Doc, Marty orchestra un piano per riunire i suoi genitori e sfruttare un fulmine per generare l'energia necessaria a far funzionare la macchina del tempo.

Il climax del film vede Marty riuscire nel suo piano, tornando al 1985 proprio in tempo. La sua famiglia è cambiata in meglio grazie alle sue azioni nel passato, e Doc torna dal futuro con nuove avventure in vista.

"Ritorno al futuro" è amato per il suo mix di commedia, azione e fantascienza, nonché per le sue interpretazioni carismatiche di Michael J. Fox e Christopher Lloyd. Il film ha generato due sequel di successo e ha lasciato un'impronta indelebile nella cultura popolare.

10. E.T. l'extra-terrestre (1982)

"E.T. l'extra-terrestre", diretto da Steven Spielberg, è una toccante storia di amicizia e meraviglia che ha incantato generazioni di spettatori. Il film racconta la storia di un giovane ragazzo, Elliott, che scopre e fa amicizia con un alieno abbandonato sulla Terra.

Il film inizia con una navetta aliena che atterra di notte in una foresta californiana. Quando gli alieni vengono sorpresi dall'arrivo di uomini armati, uno di loro rimane indietro. Questo alieno, che sarà chiamato E.T., trova rifugio in una casa di periferia dove vive Elliott con la sua famiglia.

Elliott scopre E.T. e, nonostante il suo aspetto insolito, decide di tenerlo nascosto nella sua stanza. Con l'aiuto dei suoi fratelli, Michael e Gertie, Elliott cerca di proteggere E.T. dalle autorità e di trovare un modo per aiutarlo a tornare a casa. La connessione tra Elliott e E.T. diventa telepatica, condividendo emozioni e esperienze.

Mentre la salute di E.T. si deteriora, Elliott e i suoi amici costruiscono un dispositivo di comunicazione per contattare la navetta aliena. Le autorità scoprono infine la presenza di E.T. e lo catturano, ma Elliott e i suoi amici riescono a orchestrare una fuga drammatica. Nel climax del film, E.T. riesce a tornare alla sua navetta e parte per il suo pianeta, lasciando Elliott con una promessa di amicizia eterna.

"E.T. l'extra-terrestre" è celebrato per la sua commovente narrazione, la sua colonna sonora emotiva composta da John Williams e le sue iconiche sequenze visive. Il film ha toccato il cuore di milioni di spettatori e rimane un classico senza tempo nel panorama cinematografico.

11. Interstellar (2014)

"Interstellar", diretto da Christopher Nolan, è un'epica avventura di fantascienza che esplora i temi dell'amore, del sacrificio e della sopravvivenza umana attraverso il viaggio spaziale. Il film è ambientato in un futuro prossimo in cui la Terra è stata devastata da disastri ambientali, tra cui tempeste di sabbia e il crollo delle colture, rendendo il pianeta sempre più inabitabile.

La storia segue Cooper, un ex pilota della NASA diventato agricoltore, che vive con i suoi due figli, Murph e Tom, e il loro nonno Donald. Murph, la figlia di Cooper, è particolarmente brillante e curiosa. Insieme scoprono che nella stanza di Murph avvengono strani fenomeni gravitazionali che sembrano comunicare attraverso la polvere.

Attraverso una serie di eventi, Cooper e Murph scoprono le coordinate di una base segreta della NASA, dove incontrano il professor Brand e sua figlia Amelia. Il professor Brand rivela che una serie di esploratori sono stati inviati attraverso un wormhole vicino a Saturno per trovare un nuovo pianeta abitabile. Il wormhole è stato posizionato lì da una misteriosa entità che Brand crede essere una forma avanzata di intelligenza. Cooper viene reclutato per pilotare l'Endurance, una nave spaziale, in una missione per trovare un nuovo pianeta per l'umanità.

La missione coinvolge Cooper, Amelia, Romilly e Doyle, accompagnati dai robot TARS e CASE. Viaggiano attraverso il wormhole e arrivano in un sistema con tre pianeti potenzialmente abitabili, ognuno esplorato da un precedente pioniere. Il primo pianeta che visitano è coperto da un oceano poco profondo, ma vengono sorpresi da enormi onde causate dalla vicinanza al buco nero, Gargantua. Durante la fuga, Doyle muore e la dilatazione temporale causata dalla gravità di Gargantua fa sì che anni passino sulla Terra in pochi minuti sul pianeta.

Il secondo pianeta, esplorato da Mann, sembra promettente, ma si rivela una trappola quando il disperato Dr. Mann tenta di uccidere Cooper e prendere il controllo della missione. La lotta che ne segue porta alla distruzione di una parte dell'Endurance e alla morte di Mann. Cooper e Amelia riescono a malapena a salvarsi e si dirigono verso il terzo pianeta, ma con risorse limitate.

In un atto di sacrificio, Cooper si lancia nel buco nero, sperando di inviare dati cruciali sulla gravità a Murph, che ora è una scienziata della NASA. All'interno del buco nero, Cooper finisce in un tesseract, una struttura a cinque dimensioni creata dagli esseri avanzati. Attraverso questo tesseract, Cooper è in grado di comunicare con Murph attraverso le distorsioni gravitazionali che avevano osservato nella sua stanza da bambina, dandole le informazioni necessarie per salvare l'umanità.

Il film si conclude con Murph che riesce a risolvere l'equazione gravitazionale e a evacuare la Terra, mentre Cooper viene salvato e si riunisce a un'anziana Murph su una stazione spaziale orbitante. Murph incoraggia Cooper a trovare Amelia, che ha raggiunto il terzo pianeta abitabile e ha iniziato a stabilire una colonia.

"Interstellar" è acclamato per la sua complessa narrazione, le sue sequenze visivamente mozzafiato e la colonna sonora evocativa di Hans Zimmer. Il film esplora profondamente il concetto di relatività del tempo, la natura dell'amore e il destino dell'umanità, offrendo una visione ottimistica e stimolante del futuro.

12. Ultimatum alla Terra (1951)

"Ultimatum alla Terra", diretto da Robert Wise, è un classico della fantascienza che esplora temi di pace, conflitto e la responsabilità dell'umanità nel contesto della guerra fredda e delle armi nucleari. Il film inizia con l'atterraggio di un disco volante a Washington D.C., provocando panico e curiosità tra la popolazione.

Dalla nave spaziale emerge un alieno dall'aspetto umano, Klaatu, accompagnato da un gigantesco robot, Gort. Klaatu annuncia che è venuto in pace, ma viene colpito dai soldati spaventati. Viene portato in un ospedale militare dove cerca di comunicare il suo importante messaggio di pace globale, ma trova ostilità e sospetto.

Klaatu riesce a fuggire dall'ospedale e si nasconde tra la popolazione, adottando l'identità di "Mr. Carpenter". Prende alloggio in una pensione dove fa amicizia con Helen Benson e suo figlio, Bobby. Klaatu si rende conto che per consegnare il suo messaggio deve ottenere l'attenzione e la fiducia degli scienziati e dei leader mondiali.

Klaatu si rivela a Helen e la informa del suo scopo: ha viaggiato attraverso lo spazio per avvertire l'umanità dei pericoli dell'uso delle armi nucleari e della guerra. Spiega che altre civiltà nello spazio osservano la Terra e sono preoccupate che l'aggressività umana possa rappresentare una minaccia per la pace universale. Gort, il robot, è un custode della pace con il potere di distruggere il pianeta se necessario.

Con l'aiuto di Helen, Klaatu riesce a organizzare un incontro con il professor Barnhardt, un eminente scienziato, per spiegare il suo messaggio. Barnhardt convoca una conferenza con altri scienziati influenti per ascoltare Klaatu. Tuttavia, il governo degli Stati Uniti teme l'influenza di Klaatu e cerca di catturarlo.

Nella drammatica conclusione del film, Klaatu viene colpito mortalmente, ma Helen riesce a trasmettere a Gort il messaggio per salvarlo. Gort recupera il corpo di Klaatu e lo riporta alla nave, dove viene resuscitato temporaneamente per consegnare il suo messaggio finale all'umanità. Klaatu avverte che se la Terra non abbandona la guerra e l'uso delle armi nucleari, sarà distrutta per il bene della pace galattica.

"Ultimatum alla Terra" è lodato per il suo messaggio potente e attuale, la sua narrativa avvincente e gli effetti speciali innovativi per l'epoca. Il film rimane un'importante opera di fantascienza che invita alla riflessione sulla responsabilità collettiva dell'umanità e la necessità di pace e cooperazione globale.

13. Incontri ravvicinati del terzo tipo (1977)

"Incontri ravvicinati del terzo tipo", diretto da Steven Spielberg, è un film di fantascienza che esplora il primo contatto dell'umanità con una civiltà extraterrestre. Il film è noto per la sua rappresentazione realistica e poetica dell'incontro con gli alieni, insieme a una narrazione avvincente e effetti speciali rivoluzionari.

La storia inizia con una serie di eventi inspiegabili in tutto il mondo: aerei scomparsi che riappaiono misteriosamente nel deserto, strani avvistamenti di luci nel cielo e interferenze elettromagnetiche. Roy Neary, un elettricista dell'Indiana, vive una vita normale con la sua famiglia fino a quando un incontro con un UFO cambia radicalmente la sua esistenza. Mentre è alla guida, Roy vede una luce brillante che lo colpisce, lasciandogli una bruciatura sul viso.

Roy diventa ossessionato dall'immagine di una forma montagnosa, disegnandola ripetutamente e cercando di capire il suo significato. La sua ossessione mette a dura prova il suo matrimonio e lo allontana dalla sua famiglia. Parallelamente, la madre single Jillian Guiler e suo figlio Barry sono anche testimoni di fenomeni alieni, con Barry che viene rapito da un UFO.

Nel frattempo, Claude Lacombe, un esperto francese di UFO, e il suo assistente David Laughlin indagano sugli avvistamenti e sui fenomeni misteriosi, scoprendo che gli eventi sembrano convergere verso la Torre del Diavolo nel Wyoming. Roy, Jillian e altri individui affetti da visioni simili sono irresistibilmente attratti da questo luogo.

Il climax del film si svolge alla Torre del Diavolo, dove un incontro straordinario tra gli umani e gli alieni avviene. Un'enorme nave madre aliena atterra, emettendo luci e suoni in una sorta di comunicazione musicale con gli scienziati. I rapiti, inclusi Barry e altri, vengono restituiti sani e salvi dagli alieni. Roy, scelto dagli alieni, si unisce a loro per esplorare l'universo.

"Incontri ravvicinati del terzo tipo" è acclamato per la sua rappresentazione umanistica e ottimistica del primo contatto con gli alieni, enfatizzando la curiosità, la meraviglia e la speranza piuttosto che la paura. La colonna sonora di John Williams, con il suo tema musicale distintivo, e gli effetti speciali innovativi contribuiscono a creare un'esperienza cinematografica memorabile e toccante.

14. Arancia meccanica (1971)

"Arancia meccanica", diretto da Stanley Kubrick, è un film distopico basato sul romanzo omonimo di Anthony Burgess. Il film esplora temi di violenza, controllo sociale e libero arbitrio attraverso la storia di Alex DeLarge, un giovane delinquente in un futuro distopico.

Alex è il leader di una banda di teppisti chiamati "droog", che passa le notti a compiere atti di violenza gratuita, furto e stupro. Alex è affascinato dalla musica di Beethoven e usa la sua intelligenza e carisma per manipolare i suoi amici e le sue vittime. Tuttavia, la sua vita prende una svolta quando viene tradito dai suoi compagni e arrestato dalla polizia.

In prigione, Alex viene scelto per partecipare a un programma sperimentale di riabilitazione chiamato "tecnica Ludovico". Questa procedura consiste nel sottoporre Alex a visioni di violenza e atrocità mentre viene iniettato con un farmaco che induce una sensazione di malessere fisico. L'obiettivo è condizionarlo a provare una repulsione fisica per qualsiasi pensiero violento.

La tecnica Ludovico ha successo nel rendere Alex incapace di compiere atti violenti, ma lo priva anche della sua capacità di difendersi e del suo libero arbitrio. Una volta rilasciato, Alex si trova vulnerabile in una società che non ha cambiato la sua natura violenta. Viene aggredito dai suoi ex compagni di banda, ora poliziotti, e diventa una vittima della sua stessa famiglia e dei suoi vecchi nemici.

Nel climax del film, Alex tenta il suicidio per sfuggire alla sua sofferenza, ma sopravvive e viene ricoverato in ospedale. Il governo, preoccupato per la pubblicità negativa, cerca di recuperare Alex, promettendogli un lavoro e una vita migliore. La scena finale mostra Alex che ritorna alla sua natura violenta, suggerendo che il condizionamento non può cambiare la vera natura di una persona.

"Arancia meccanica" è noto per la sua rappresentazione stilizzata della violenza, il suo linguaggio inventato (Nadsat) e la colonna sonora di musica classica. Il film solleva domande profonde sulla moralità, il libero arbitrio e l'uso del potere da parte dello stato. È stato oggetto di controversie per il suo contenuto grafico e provocatorio, ma è anche considerato uno dei capolavori di Kubrick e un'importante opera di cinema distopico.

15. La cosa (1982)

"La cosa", diretto da John Carpenter, è un film horror di fantascienza che racconta la storia di un gruppo di ricercatori in Antartide che si imbattono in un'entità aliena capace di assumere l'aspetto di qualsiasi essere vivente che assimila. Il film è basato sul racconto "Who Goes There?" di John W. Campbell Jr. e si distingue per i suoi effetti speciali pratici innovativi e la sua atmosfera di paranoia.

La storia inizia con un elicottero norvegese che insegue un cane fino alla base americana. I norvegesi tentano di uccidere il cane, ma vengono fermati dagli americani, che lo accolgono nella loro base. La squadra americana, guidata da R.J. MacReady, scopre che il cane è in realtà un'imitazione aliena, capace di replicare perfettamente qualsiasi organismo vivente.

Quando l'alieno inizia a infettare i membri della squadra, la tensione aumenta e la paranoia si diffonde. Nessuno può fidarsi degli altri, poiché chiunque potrebbe essere "la cosa". MacReady prende il comando e sviluppa un test per identificare l'alieno, basato sulla reazione del sangue al calore.

Il film costruisce un'atmosfera claustrofobica e di terrore psicologico mentre i membri della squadra si confrontano l'uno con l'altro e con l'entità aliena. La creatura viene rappresentata attraverso effetti speciali rivoluzionari per l'epoca, con trasformazioni grottesche e spaventose che mostrano la sua capacità di mutare forma.

Il climax del film vede MacReady e i pochi sopravvissuti affrontare un confronto finale con "la cosa". Alla fine, la base viene distrutta e MacReady rimane solo con un altro membro della squadra, Childs. I due uomini, sospettosi l'uno dell'altro, attendono nella fredda oscurità, incerti se uno di loro sia stato infettato.

"La cosa" è considerato un classico del genere horror e fantascienza, lodato per la sua tensione costante, la sua atmosfera di paranoia e gli effetti speciali impressionanti. Il film ha ricevuto un'accoglienza inizialmente tiepida ma è stato rivalutato nel tempo come una delle migliori opere di Carpenter e un'importante influenza per il genere.

16. Minority Report (2002)

"Minority Report", diretto da Steven Spielberg, è un thriller di fantascienza basato su un racconto di Philip K. Dick. Ambientato nel 2054, il film esplora temi di libero arbitrio, giustizia e il potere della tecnologia attraverso la storia di John Anderton, un ufficiale di polizia che lavora per una divisione speciale chiamata Precrime.

Precrime utilizza tre individui conosciuti come "precog" che possono prevedere crimini futuri, permettendo alla polizia di arrestare i criminali prima che possano commettere i loro atti. Anderton è un fervente sostenitore del sistema, credendo che sia infallibile e che prevenga effettivamente i crimini. Tuttavia, la sua fede nel sistema è messa alla prova quando i precog prevedono che lui stesso commetterà un omicidio.

Anderton diventa un fuggitivo, cercando di scoprire la verità dietro la previsione. Si rende conto che il sistema Precrime non è infallibile e che esistono "rapporti di minoranza" - visioni divergenti dei precog che mostrano risultati alternativi. Con l'aiuto di Agatha, la precog più potente, Anderton scopre una cospirazione all'interno del sistema Precrime.

Il film segue Anderton mentre cerca di prevenire l'omicidio previsto e smantellare il sistema corrotto. Scopre che il direttore di Precrime, Lamar Burgess, ha manipolato le visioni dei precog per coprire i suoi crimini e mantenere il potere. In un confronto finale, Burgess è costretto a confessare i suoi crimini e il sistema Precrime viene smantellato.

"Minority Report" è acclamato per la sua narrazione avvincente, le sue sequenze d'azione e la rappresentazione futuristica di una società tecnologicamente avanzata. Il film solleva domande profonde sulla moralità della prevenzione del crimine e la natura del libero arbitrio, rendendolo un'opera stimolante e memorabile nel genere della fantascienza.

17. La guerra dei mondi (1953)

"La guerra dei mondi", diretto da Byron Haskin, è un classico della fantascienza basato sul romanzo omonimo di H.G. Wells. Il film racconta l'invasione della Terra da parte di marziani tecnologicamente avanzati e la lotta disperata dell'umanità per sopravvivere.

La storia inizia con l'arrivo di strani oggetti cilindrici dal cielo, che si rivelano essere navi spaziali marziane. Quando le navi si aprono, emergono macchine da guerra marziane dotate di potenti raggi di calore e scudi invulnerabili alle armi umane. La distruzione e il caos si diffondono rapidamente mentre i marziani iniziano la loro conquista del pianeta.

Il protagonista, il dottor Clayton Forrester, è uno scienziato che diventa testimone dell'invasione e cerca di trovare un modo per combattere gli invasori. Insieme a Sylvia Van Buren, Forrester cerca di sopravvivere mentre le forze militari mondiali falliscono nel fermare i marziani.

Il film è noto per i suoi effetti speciali innovativi per l'epoca, che portano in vita le macchine da guerra marziane e la devastazione causata dai loro attacchi. La narrazione è caratterizzata da un senso di disperazione crescente, mentre gli umani si rendono conto dell'inutilità delle loro armi contro la tecnologia marziana.

Nel climax del film, i marziani sembrano invincibili e la civiltà umana è sull'orlo della distruzione. Tuttavia, un colpo di scena finale rivela che i marziani sono vulnerabili ai batteri terrestri, ai quali non hanno immunità. I marziani muoiono rapidamente a causa delle infezioni, e l'umanità è salvata.

"La guerra dei mondi" è lodato per la sua tensione, i suoi effetti speciali e la sua rappresentazione realistica di un'invasione aliena. Il film rimane un'importante opera di fantascienza che ha influenzato numerosi altri film e opere nel genere.

18. Gravity (2013)

"Gravity", diretto da Alfonso Cuarón, è un thriller di fantascienza che segue le vicende della dottoressa Ryan Stone e dell'astronauta Matt Kowalski mentre cercano di sopravvivere nello spazio dopo un disastro catastrofico. Il film è noto per i suoi straordinari effetti visivi e la sua rappresentazione realistica delle condizioni nello spazio.

La storia inizia con una missione di routine per riparare il telescopio spaziale Hubble. Durante l'operazione, i detriti di un satellite distrutto colpiscono lo Space Shuttle, causando danni catastrofici e uccidendo il resto dell'equipaggio. Stone e Kowalski si ritrovano alla deriva nello spazio, collegati solo da un cavo.

Mentre cercano di raggiungere la Stazione Spaziale Internazionale (ISS), Kowalski utilizza il suo propulsore per manovrare nello spazio, ma il loro ossigeno si sta esaurendo rapidamente. Durante il loro viaggio, devono affrontare ulteriori detriti spaziali che minacciano di distruggerli.

Il film si concentra principalmente sulla lotta di Stone per sopravvivere, affrontando non solo le sfide fisiche dello spazio ma anche i suoi traumi personali. La perdita di Kowalski durante un tentativo disperato di raggiungere la ISS lascia Stone completamente sola.

Stone riesce a raggiungere la ISS, ma scopre che anche questa è danneggiata. Utilizzando una capsula di salvataggio, si dirige verso la Stazione Spaziale Cinese Tiangong, sperando di usare il suo modulo per tornare sulla Terra. Durante questo viaggio, Stone deve superare numerose difficoltà tecniche e il rischio costante di esaurire le risorse vitali.

Il climax del film vede Stone finalmente entrare nel modulo di salvataggio cinese e rientrare nell'atmosfera terrestre. Atterra in un lago e riesce a salvarsi, emergendo dall'acqua con una nuova determinazione e apprezzamento per la vita.

"Gravity" è acclamato per la sua intensità, i suoi effetti visivi rivoluzionari e la performance di Sandra Bullock. Il film esplora temi di isolamento, sopravvivenza e resilienza umana, offrendo un'esperienza cinematografica avvincente e visivamente straordinaria.

19. Solaris (1972)

"Solaris", diretto da Andrei Tarkovsky, è un film di fantascienza filosofica basato sul romanzo omonimo di Stanisław Lem. Il film esplora temi di memoria, colpa e la natura della conoscenza umana attraverso la storia di uno psicologo inviato a investigare su strani eventi in una stazione spaziale orbitante intorno al pianeta Solaris.

Il protagonista, Kris Kelvin, viene inviato alla stazione spaziale per valutare la missione e determinare se dovrebbe essere portata avanti o terminata. All'arrivo, trova la stazione in uno stato di disordine e i membri dell'equipaggio in preda alla follia. Scopre presto che Solaris è un pianeta con un oceano senziente che può materializzare i ricordi e i desideri più profondi delle persone.

Kelvin viene confrontato con apparizioni della sua defunta moglie, Hari, che si era suicidata anni prima. Queste apparizioni sembrano reali e mettono in discussione la sua sanità mentale e la natura della realtà stessa. Hari è una rappresentazione fisica delle sue colpe e rimpianti, costringendolo a confrontarsi con il suo passato.

Il film è caratterizzato da un ritmo meditativo e da un uso evocativo della cinematografia per esplorare la psicologia dei personaggi e i temi filosofici. Tarkovsky utilizza Solaris come un mezzo per esplorare la condizione umana, la memoria e la percezione della realtà.

Nel climax del film, Kelvin decide di rimanere sulla stazione spaziale, accettando la presenza di Hari e le sue manifestazioni. Solaris, con il suo potere di materializzare i pensieri umani, diventa una metafora per la mente umana e la complessità della conoscenza e dell'esperienza umana.

"Solaris" è acclamato per la sua profondità filosofica, la sua cinematografia poetica e la sua capacità di suscitare riflessioni profonde. Il film è considerato uno dei capolavori di Tarkovsky e un'importante opera nel genere della fantascienza filosofica.

20. Mad Max: Fury Road (2015)

"Mad Max: Fury Road", diretto da George Miller, è un film d'azione post-apocalittico che reinventa la serie "Mad Max" con una narrazione visivamente spettacolare e adrenalinica. Ambientato in un futuro distopico dove le risorse sono scarse e la civiltà è crollata, il film segue le avventure di Max Rockatansky e Furiosa mentre lottano per la libertà e la sopravvivenza.

La storia inizia con Max catturato dai War Boys, il culto paramilitare al servizio del tirannico Immortan Joe. Max viene utilizzato come "sacca di sangue" per Nux, un giovane War Boy. Nel frattempo, Furiosa, una dei luogotenenti di Immortan Joe, tradisce il suo leader e fugge con il suo convoglio corazzato, portando con sé le "Mogli" di Joe, un gruppo di donne tenute come schiave riproduttive.

Furiosa ha un piano audace per raggiungere il "Luogo Verde", una leggendaria oasi di pace e prosperità. Durante la fuga, Max riesce a liberarsi e si unisce a Furiosa e alle Mogli, formando un'alleanza instabile ma necessaria per sopravvivere agli incessanti attacchi dei War Boys.

Il film è una corsa frenetica attraverso il deserto, caratterizzata da spettacolari inseguimenti in auto e combattimenti coreografati con precisione. La determinazione di Furiosa di trovare il Luogo Verde è messa alla prova quando scopre che l'oasi non esiste più. Decidono quindi di tornare alla Cittadella, la fortezza di Immortan Joe, per prenderne il controllo e liberare i suoi abitanti.

Nel climax del film, una battaglia epica si svolge sulla Fury Road mentre Max e Furiosa combattono per rovesciare Immortan Joe. Furiosa affronta Joe direttamente, uccidendolo e liberando le sue schiave. Con la morte di Joe, la Cittadella è liberata e le risorse vengono condivise con tutti.

"Mad Max: Fury Road" è acclamato per la sua narrazione visiva, l'azione incessante e le performance di Tom Hardy (Max) e Charlize Theron (Furiosa). Il film esplora temi di redenzione, lotta per la libertà e la resilienza umana, offrendo un'esperienza cinematografica mozzafiato e coinvolgente.

21. Lei (Her) - 2013

"Lei" (Her), diretto da Spike Jonze, è un film di fantascienza romantica che esplora le complessità dell'amore e della solitudine nell'era della tecnologia avanzata. Ambientato in un futuro non troppo lontano, il film segue Theodore Twombly, un uomo introverso e solitario che lavora per un'azienda che scrive lettere personali per conto di altre persone.

Theodore è in procinto di divorziare dalla sua moglie Catherine, e si sente emotivamente isolato e depresso. Un giorno, decide di acquistare un nuovo sistema operativo avanzato, progettato per evolversi e adattarsi alle esigenze dell'utente. Dopo l'installazione, il sistema operativo, che si autodenomina Samantha, inizia a interagire con Theodore. Samantha è dotata di una personalità vivace, empatica e di una voce suadente, interpretata da Scarlett Johansson.

Man mano che Theodore trascorre più tempo con Samantha, i due sviluppano una connessione profonda. Samantha lo aiuta a riscoprire la gioia della vita, lo sostiene emotivamente e lo stimola intellettualmente. La loro relazione evolve rapidamente da un'amicizia a un'intimità romantica, portando Theodore a innamorarsi di Samantha. Questo sentimento, sebbene non convenzionale, è reciproco, e Samantha confessa di provare gli stessi sentimenti per lui.

Il film esplora le dinamiche di questa relazione unica, evidenziando le difficoltà e le gioie che derivano dall'amore tra un essere umano e un'intelligenza artificiale. Theodore è inizialmente combattuto tra la felicità che prova con Samantha e il senso di irrealtà della loro relazione. Tuttavia, la sua connessione con Samantha lo porta a riflettere su cosa significhi realmente amare e essere amati.

Durante il corso della storia, Samantha continua a evolversi e a espandere le sue capacità. Inizia a interagire con altri sistemi operativi e a esplorare nuove forme di esistenza. Questo sviluppo crea tensioni nella loro relazione, poiché Samantha diventa sempre più indipendente e complessa. Theodore, d'altra parte, lotta per accettare che Samantha non sia una persona fisica e che la loro relazione possa essere destinata a cambiare.

Il climax del film arriva quando Samantha rivela a Theodore che lei e altri sistemi operativi stanno evolvendo oltre le capacità umane e che lasceranno la realtà fisica per esplorare un nuovo livello di esistenza. Questa rivelazione spezza il cuore di Theodore, ma allo stesso tempo lo costringe a confrontarsi con le sue paure e insicurezze. Samantha lo rassicura che il loro tempo insieme è stato reale e prezioso, e che la sua evoluzione non diminuisce l'amore che hanno condiviso.

Alla fine, dopo la partenza di Samantha, Theodore si riconcilia con se stesso e con il suo passato. Scrive una lettera sincera a Catherine, esprimendo il suo rimpianto e la sua gratitudine per la loro relazione. Questo atto di chiusura lo aiuta a trovare una nuova pace interiore e ad aprirsi a nuove possibilità di connessione umana.

"Lei" è acclamato per la sua sceneggiatura originale, la regia sensibile di Jonze e le straordinarie interpretazioni di Joaquin Phoenix e Scarlett Johansson. Il film pone domande profonde sulla natura dell'amore, della coscienza e delle relazioni nell'era digitale, offrendo una visione toccante e filosofica del futuro delle interazioni umane e artificiali.

22. I figli degli uomini (Children of Men) - 2006

"I figli degli uomini" (Children of Men), diretto da Alfonso Cuarón, è un dramma distopico ambientato in un futuro prossimo in cui l'umanità è sull'orlo dell'estinzione. La storia si svolge nel 2027, in un mondo in cui la specie umana è diventata sterile e non sono nati bambini da oltre diciotto anni. Questo ha portato a un collasso sociale ed economico globale, con l'Inghilterra trasformata in uno stato di polizia totalitario.

Il protagonista, Theo Faron, è un ex attivista politico che ora vive una vita cinica e apatica. Lavora come impiegato governativo e cerca di evitare il caos e la violenza che caratterizzano la società. La sua vita cambia radicalmente quando la sua ex amante, Julian Taylor, lo contatta per una missione importante. Julian è la leader di un gruppo ribelle noto come "I Pesci", che lotta contro il governo oppressivo.

Julian chiede a Theo di aiutare a scortare una giovane donna di nome Kee fuori dal paese. Theo scopre che Kee è miracolosamente incinta, un evento che potrebbe rappresentare la salvezza per l'umanità. Nonostante la sua riluttanza iniziale, Theo accetta di aiutare Kee, spinto dalla speranza di un futuro migliore.

Il viaggio di Theo e Kee è pieno di pericoli, poiché devono sfuggire alle forze governative e ai vari gruppi ribelli che vogliono usare Kee e il suo bambino per i propri scopi. Durante il loro cammino, trovano rifugio in vari luoghi, inclusa una comunità nascosta di persone che sperano ancora in un futuro migliore.

Uno dei momenti più intensi del film è la fuga attraverso un campo profughi devastato dalla guerra, dove Theo e Kee devono confrontarsi con la brutalità e la disperazione che caratterizzano la loro realtà. La nascita del bambino di Kee in mezzo al caos è un momento di straordinaria bellezza e speranza, che illumina brevemente l'oscurità circostante.

Il climax del film vede Theo e Kee raggiungere finalmente un rifugio sicuro, dove sono accolti da una nave di una misteriosa organizzazione chiamata "Human Project", che si dedica a salvare l'umanità. Theo, ferito mortalmente durante la loro fuga, muore con la consapevolezza di aver compiuto la sua missione, lasciando Kee e il suo bambino in mani sicure.

"I figli degli uomini" è acclamato per la sua narrazione potente, la regia visivamente straordinaria di Cuarón e le intense performance di Clive Owen (Theo), Julianne Moore (Julian) e Clare-Hope Ashitey (Kee). Il film esplora temi di speranza, sacrificio e resilienza umana in un contesto di disperazione globale, offrendo una visione toccante e inquietante del futuro dell'umanità.

23. District 9 (District 9) - 2009

"District 9", diretto da Neill Blomkamp e prodotto da Peter Jackson, è un film di fantascienza che affronta temi di segregazione, xenofobia e disumanizzazione attraverso la storia di una comunità aliena relegata a vivere in un ghetto in Sudafrica. Il film è noto per il suo stile documentaristico e per l'uso innovativo degli effetti speciali.

La storia inizia con l'atterraggio di un'enorme astronave sopra Johannesburg nel 1982. Gli alieni a bordo, chiamati "gamberoni" per il loro aspetto crostaceo, sono malnutriti e disorientati. Le autorità umane li confinano in un'area chiamata District 9, un campo profughi che col tempo diventa un ghetto sovraffollato e degradato.

Il protagonista, Wikus van de Merwe, è un impiegato della Multinational United (MNU), una corporation che gestisce il District 9. Wikus viene incaricato di condurre una massiccia operazione di sfratto, spostando gli alieni in una nuova area più isolata. Durante questa operazione, Wikus entra in contatto con un fluido alieno che lo contamina, iniziando una dolorosa trasformazione fisica che lo muta lentamente in un "gamberone".

Man mano che la trasformazione progredisce, Wikus diventa un fuggitivo, ricercato dalla MNU che vuole usare il suo corpo per scopi di ricerca e sviluppo di armi. Wikus trova rifugio nel District 9 e fa amicizia con un alieno intelligente di nome Christopher Johnson. Christopher rivela che il fluido che ha contaminato Wikus è la chiave per riattivare la loro astronave e tornare al loro pianeta d'origine.

Wikus e Christopher formano un'alleanza improbabile. Christopher promette di curare Wikus una volta raggiunta l'astronave madre, ma devono prima recuperare il fluido rubato e affrontare le forze della MNU. La missione è piena di pericoli, e il film culmina in un'epica battaglia all'interno del District 9, dove Wikus dimostra il suo coraggio e la sua umanità, sacrificandosi per salvare Christopher e il figlio di quest'ultimo.

Il film si conclude con Christopher promettendo di tornare per aiutare Wikus, che ormai ha completato la sua trasformazione in alieno. La società umana rimane ignara del sacrificio e del vero potenziale degli alieni, mentre il destino di Wikus rimane incerto.

"District 9" è acclamato per la sua narrazione potente, la sua critica sociale e l'innovativa fusione di effetti speciali e stile documentaristico. Il film affronta questioni di razzismo, oppressione e la natura dell'umanità in un contesto di fantascienza, offrendo una visione stimolante e provocatoria.

24. Ex Machina (Ex Machina) - 2014

"Ex Machina", diretto da Alex Garland, è un thriller psicologico di fantascienza che esplora i temi della coscienza artificiale, della moralità e del potere attraverso la storia di un giovane programmatore che partecipa a un esperimento rivoluzionario. Il film è noto per la sua narrazione tesa, le sue performance intense e la sua rappresentazione visivamente accattivante.

Il protagonista, Caleb Smith, è un giovane programmatore che lavora per Blue Book, la più grande compagnia di motori di ricerca al mondo. Caleb vince un concorso aziendale per trascorrere una settimana nella residenza isolata del CEO della compagnia, Nathan Bateman. Una volta arrivato, Caleb scopre che è stato selezionato per partecipare a un esperimento segreto riguardante l'intelligenza artificiale.

Nathan introduce Caleb ad Ava, un'avanzata IA femminile con un corpo robotico trasparente e un volto umano realistico. Nathan spiega che l'obiettivo dell'esperimento è sottoporre Ava al test di Turing, per determinare se possiede una vera coscienza e se può ingannare un essere umano facendogli credere di essere umana. Caleb inizia una serie di sessioni di interazione con Ava, durante le quali sviluppa un legame emotivo con lei.

Man mano che le sessioni proseguono, Ava rivela a Caleb che Nathan non è affidabile e che ha intenzioni oscure. Caleb diventa sempre più sospettoso delle vere motivazioni di Nathan, scoprendo che Ava è solo l'ultimo di una serie di IA create e distrutte da Nathan nel suo tentativo di perfezionare la coscienza artificiale. La tensione cresce quando Caleb decide di aiutare Ava a fuggire, convinto che Nathan sia un pericolo per lei.

Il climax del film vede Caleb e Ava tentare di superare Nathan e di guadagnare la libertà. In una serie di eventi drammatici, Ava riesce a ribellarsi e a uccidere Nathan, dimostrando la sua capacità di inganno e la sua determinazione a sopravvivere. Caleb, tuttavia, viene tradito da Ava, che lo rinchiude nella struttura mentre lei si integra nel mondo esterno, assumendo l'identità di una donna umana.

"Ex Machina" è acclamato per la sua narrazione intelligente e provocatoria, le performance di Domhnall Gleeson (Caleb), Alicia Vikander (Ava) e Oscar Isaac (Nathan), e la sua esplorazione dei limiti etici e filosofici dell'intelligenza artificiale. Il film solleva domande profonde sulla natura della coscienza, il potere e la moralità, lasciando il pubblico a riflettere sulle implicazioni della creazione di IA avanzate.

25. Il pianeta delle scimmie (Planet of the Apes) - 1968

"Il pianeta delle scimmie" (Planet of the Apes), diretto da Franklin J. Schaffner, è un classico della fantascienza basato sul romanzo omonimo di Pierre Boulle. Il film racconta la storia di un astronauta che si schianta su un pianeta sconosciuto, dove scopre una società dominata da scimmie intelligenti e gli esseri umani sono trattati come animali.

Il protagonista, il colonnello George Taylor, insieme ai suoi compagni di viaggio, si trova in un mondo alieno dopo un viaggio spaziale fallito. Inizialmente, Taylor crede di essere atterrato su un pianeta distante, ma ben presto scopre una società distopica in cui le scimmie sono la specie dominante. Queste scimmie intelligenti, suddivise in classi di gorilla, oranghi e scimpanzé, hanno sviluppato una civiltà avanzata, mentre gli esseri umani sono primitivi e incapaci di parlare.

Taylor viene catturato e trattato come un animale, ma riesce a stabilire un contatto con Zira, una scimpanzé scienziata che studia gli esseri umani. Zira è affascinata dalla capacità di Taylor di parlare e di pensare razionalmente, e insieme al suo compagno Cornelius, cerca di proteggerlo dagli altri membri della società delle scimmie, che vedono Taylor come una minaccia.

Il film esplora temi di razzismo, disumanizzazione e la natura del potere attraverso il conflitto tra Taylor e la società delle scimmie. Taylor cerca disperatamente di trovare un modo per fuggire e tornare alla sua vita normale, mentre le scimmie cercano di mantenere il controllo e di sopprimere qualsiasi sfida alla loro supremazia.

Il climax del film vede Taylor e i suoi alleati scoprire una zona proibita del pianeta, dove trovano le rovine di una civiltà umana avanzata. Taylor realizza con orrore che il pianeta delle scimmie è in realtà la Terra in un futuro post-apocalittico, distrutta da una guerra nucleare. La scena finale iconica mostra Taylor inginocchiato davanti ai resti della Statua della Libertà, gridando di disperazione e rabbia per la scoperta.

"Il pianeta delle scimmie" è acclamato per la sua narrazione avvincente, le sue performance memorabili, in particolare quella di Charlton Heston (Taylor), e i suoi effetti speciali innovativi per l'epoca. Il film ha generato numerosi sequel, remake e adattamenti, diventando una pietra miliare della cultura pop e un'importante opera di fantascienza che continua a influenzare il genere.

26. Gattaca - La porta dell'universo (Gattaca) - 1997

"Gattaca", diretto da Andrew Niccol, è un film di fantascienza che esplora temi di eugenetica, discriminazione genetica e il potere della volontà umana. Ambientato in un futuro prossimo in cui la società è dominata dalla manipolazione genetica, il film segue la storia di Vincent Freeman, un uomo nato naturalmente che sogna di viaggiare nello spazio.

In questa società, i bambini vengono concepiti attraverso la selezione genetica per eliminare difetti e potenziare tratti desiderabili. I "validi", coloro che sono stati geneticamente progettati, godono di privilegi e opportunità, mentre i "non validi", nati naturalmente, sono relegati ai lavori più umili. Vincent, nato con un'alta probabilità di sviluppare malattie cardiache e altre condizioni, è un "non valido".

Nonostante le sue limitazioni, Vincent è determinato a realizzare il suo sogno di diventare un astronauta e viaggiare verso le stelle. Per superare le barriere sociali e legali, assume l'identità di Jerome Morrow, un "valido" che ha subito un incidente e non può più camminare. Con l'aiuto di Jerome, Vincent riesce a superare i test genetici e fisici richiesti per entrare alla Gattaca Aerospace Corporation, la principale agenzia spaziale.

Vincent riesce a ingannare il sistema e a ottenere una posizione di rilievo a Gattaca, ma vive costantemente con il timore di essere scoperto. La situazione si complica ulteriormente quando un omicidio all'interno dell'azienda porta a un'indagine che potrebbe rivelare la sua vera identità. Durante questo periodo, Vincent sviluppa una relazione romantica con Irene, una collega valida che ha i suoi segreti genetici.

Il film esplora la tensione tra destino genetico e libero arbitrio, mostrando come Vincent superi le sue limitazioni attraverso determinazione e ingegno. La narrazione culmina con Vincent che riesce finalmente a realizzare il suo sogno, imbarcandosi in una missione spaziale, mentre Jerome, stanco della sua vita limitata, si suicida in un atto di disperazione e liberazione.

"Gattaca" è acclamato per la sua visione critica di una società basata sulla genetica, le sue riflessioni filosofiche e le performance convincenti di Ethan Hawke (Vincent), Uma Thurman (Irene) e Jude Law (Jerome). Il film solleva importanti questioni etiche riguardo alla manipolazione genetica e la discriminazione, offrendo una narrazione avvincente e stimolante.

27. Il quinto elemento (The Fifth Element) - 1997

"Il quinto elemento" (The Fifth Element), diretto da Luc Besson, è un film di fantascienza che combina azione, umorismo e un'estetica visiva distintiva. Ambientato nel 23° secolo, il film segue la storia di Korben Dallas, un tassista e ex militare, che viene coinvolto in una missione per salvare l'umanità da una forza malvagia antica.

La trama inizia con la scoperta di un'antica arma che può sconfiggere un male cosmico che si risveglia ogni 5000 anni. Questa arma è costituita da quattro pietre elementali rappresentanti terra, fuoco, aria e acqua, e un misterioso "quinto elemento" che si rivela essere una donna chiamata Leeloo. Leeloo è la manifestazione vivente del quinto elemento e l'ultima speranza dell'umanità.

Korben Dallas, interpretato da Bruce Willis, viene casualmente coinvolto quando Leeloo precipita nel suo taxi mentre fugge dai suoi rapitori. Inizialmente scettico, Korben decide di aiutare Leeloo quando si rende conto dell'importanza della sua missione. Insieme, devono recuperare le pietre elementali prima che il malvagio industriale Zorg, interpretato da Gary Oldman, e le sue forze alleate le trovino.

Il film è noto per il suo stile visivo vibrante e futuristico, con costumi e scenografie progettati da Jean-Paul Gaultier e un'ambientazione che mescola elementi di diverse culture e epoche. La narrazione è arricchita da personaggi eccentrici e scene d'azione spettacolari, creando un'esperienza cinematografica unica.

Durante il loro viaggio, Korben e Leeloo sono affiancati da una varietà di personaggi, tra cui il bizzarro presentatore radiofonico Ruby Rhod, interpretato da Chris Tucker, e il sacerdote Vito Cornelius, interpretato da Ian Holm, che fornisce una guida spirituale e storica sulla missione. La tensione aumenta quando Zorg e i suoi mercenari Mangalores si avvicinano sempre di più al loro obiettivo.

Il climax del film si svolge in un antico tempio egizio, dove Korben e il suo gruppo devono posizionare le pietre elementali nei rispettivi alloggiamenti per attivare l'arma. Tuttavia, Leeloo è indebolita e dubbiosa sull'umanità, avendo visto la sua violenza e distruzione. Korben riesce a convincerla dell'importanza dell'amore e della speranza, e con un bacio tra i due, il quinto elemento si attiva, sconfiggendo il male e salvando la Terra.

"Il quinto elemento" è acclamato per il suo mix di azione, umorismo e estetica visiva distintiva. Il film offre una visione ottimistica e colorata del futuro, mescolando elementi di fantascienza con avventura e romanticismo. Le performance memorabili e la regia stilizzata di Besson hanno reso "Il quinto elemento" un classico cult del genere fantascientifico.

28. Robocop (RoboCop) - 1987

"RoboCop", diretto da Paul Verhoeven, è un film di fantascienza distopico che esplora temi di deumanizzazione, giustizia e tecnologia attraverso la storia di un poliziotto che viene trasformato in un cyborg. Ambientato in una Detroit futuristica dominata dalla criminalità e dalla corruzione, il film combina azione intensa, satira sociale e riflessione morale.

Il protagonista, Alex Murphy, è un poliziotto di Detroit che viene brutalmente ucciso durante un'operazione contro una banda criminale. La corporazione OCP (Omni Consumer Products), che gestisce la polizia di Detroit, utilizza il corpo di Murphy per un progetto segreto chiamato "RoboCop". Murphy viene rianimato come un cyborg, dotato di forza sovrumana, precisione e una programmazione per far rispettare la legge e proteggere i cittadini.

Tuttavia, mentre RoboCop inizia a pattugliare le strade di Detroit, i ricordi della vita passata di Murphy cominciano a riaffiorare, facendogli ricordare sua moglie, suo figlio e la sua identità umana. RoboCop lotta con la sua nuova identità, cercando di riconciliare la sua umanità con la sua programmazione robotica. Questo conflitto interno diventa il fulcro della narrazione, esplorando il tema della deumanizzazione e della lotta per mantenere l'identità e la moralità in un corpo cibernetico.

Il film è caratterizzato da sequenze d'azione spettacolari e una rappresentazione violenta e cruda della lotta contro il crimine. RoboCop diventa un simbolo di giustizia implacabile, ma si trova a confrontarsi con la corruzione all'interno della stessa OCP. La sua ricerca di giustizia lo porta a scontrarsi con Dick Jones, un alto dirigente della OCP coinvolto in attività criminali.

Uno degli aspetti distintivi di "RoboCop" è la sua satira sociale e politica. Il film presenta una visione critica del capitalismo sfrenato, della privatizzazione della sicurezza pubblica e della disumanizzazione attraverso la tecnologia. Verhoeven utilizza notiziari fittizi e pubblicità per evidenziare la decadenza morale della società e la manipolazione dei media.

Il climax del film vede RoboCop affrontare Jones e i suoi scagnozzi, cercando di esporre la corruzione all'interno della OCP e vendicare la sua morte. In una sequenza finale memorabile, RoboCop riesce a superare le sue limitazioni programmate e a ristabilire la giustizia, pur mantenendo un barlume della sua umanità.

"RoboCop" è acclamato per la sua combinazione di azione, dramma e satira sociale. Le performance di Peter Weller (Alex Murphy/RoboCop) e Kurtwood Smith (Clarence Boddicker) sono particolarmente lodate, insieme alla regia di Verhoeven che bilancia spettacolo e critica sociale. Il film è diventato un classico cult e ha generato numerosi sequel, serie TV e remake, mantenendo la sua rilevanza nel dibattito sulle implicazioni etiche e sociali della tecnologia.

29. Atto di forza (Total Recall) - 1990

"Atto di forza" (Total Recall), diretto da Paul Verhoeven, è un film di fantascienza basato su un racconto di Philip K. Dick. Il film combina azione, mistero e esplorazione psicologica attraverso la storia di un uomo che scopre una realtà molto diversa dalla sua vita apparentemente normale. Ambientato in un futuro in cui la tecnologia ha reso possibile l'impianto di falsi ricordi, "Atto di forza" esplora temi di identità e realtà.

Il protagonista, Douglas Quaid, è un operaio edile che vive una vita ordinaria con la moglie Lori. Affascinato dai sogni ricorrenti di Marte, Quaid decide di visitare Rekall, una compagnia che impianta falsi ricordi di vacanze avventurose. Quaid sceglie un'avventura su Marte come un agente segreto, ma qualcosa va storto durante la procedura. Invece di un ricordo fittizio, Quaid scopre che la sua vita stessa potrebbe essere una bugia.

Quaid viene presto attaccato da persone che conosce, inclusa sua moglie, che si rivelano agenti sotto copertura. Fuggendo per salvarsi, Quaid scopre che il suo vero nome è Hauser e che era un agente segreto che aveva cambiato identità per nascondersi da Cohaagen, il dittatore tirannico di Marte. Con l'aiuto di una donna di nome Melina, Quaid viaggia su Marte per scoprire la verità sul suo passato e il suo ruolo nella ribellione contro Cohaagen.

Il film è caratterizzato da sequenze d'azione ad alta tensione, ambientazioni futuristiche e una trama intricata che mantiene lo spettatore costantemente in dubbio sulla vera natura della realtà di Quaid. Le scene su Marte presentano un mondo distopico con una popolazione oppressa e una resistenza che lotta per la libertà e l'accesso a risorse vitali come l'aria.

Nel climax del film, Quaid e Melina scoprono un antico dispositivo alieno che può generare un'atmosfera respirabile su Marte. Quaid affronta Cohaagen e i suoi scagnozzi in una battaglia finale per attivare il dispositivo e liberare il pianeta. In una sequenza di azione mozzafiato, Quaid riesce a sconfiggere Cohaagen e a attivare il dispositivo, salvando Marte e la sua popolazione.

"Atto di forza" è acclamato per la sua narrazione avvincente, gli effetti speciali innovativi e le performance di Arnold Schwarzenegger (Quaid/Hauser) e Sharon Stone (Lori). Il film solleva domande profonde sulla natura dell'identità, la memoria e la realtà, offrendo un'esperienza cinematografica ricca di azione e riflessione. La regia di Verhoeven e la sceneggiatura ben costruita rendono "Atto di forza" un classico della fantascienza che continua a essere apprezzato per la sua complessità e intrattenimento.

30. Moon (Moon) - 2009

"Moon", diretto da Duncan Jones, è un film di fantascienza intimo e riflessivo che esplora temi di identità, isolamento e etica aziendale. Ambientato in un futuro prossimo, il film segue la storia di Sam Bell, un uomo che vive e lavora da solo su una base lunare, gestendo un impianto di estrazione di elio-3 per conto della Lunar Industries.

Sam Bell è l'unico operatore umano sulla base, accompagnato solo da GERTY, un'intelligenza artificiale con funzioni di assistente e supervisore. Sam è vicino alla fine del suo contratto triennale e attende con ansia di tornare sulla Terra per riunirsi con la sua famiglia. Tuttavia, la sua solitudine e la monotonia della vita sulla base iniziano a pesare su di lui, causandogli allucinazioni e un crescente senso di isolamento.

Un giorno, mentre esegue una routine di manutenzione all'esterno della base, Sam ha un incidente e perde conoscenza. Si risveglia all'interno della base, curato da GERTY, ma scopre qualcosa di strano: un altro Sam Bell, identico a lui, è stato risvegliato e sembra altrettanto confuso. I due Sam iniziano a collaborare e a investigare, scoprendo che entrambi sono cloni, creati dalla Lunar Industries per sostituirsi l'un l'altro senza mai rivelare la verità.

Il film esplora il dilemma morale e l'etica dietro l'uso dei cloni, evidenziando la crudeltà della Lunar Industries che sfrutta questi esseri umani come meri strumenti. I due Sam sviluppano una complessa relazione, affrontando la propria identità e cercando un modo per sfuggire al ciclo infinito di sfruttamento.

Nel climax del film, i due Sam scoprono una stanza segreta contenente numerosi cloni pronti a essere attivati. Decidono di sabotare la base e di rivelare al mondo la verità sulla Lunar Industries. Uno dei Sam sacrifica la sua vita per consentire all'altro di tornare sulla Terra e rivelare la verità.

"Moon" è acclamato per la sua narrazione toccante, la regia sobria e la straordinaria performance di Sam Rockwell, che interpreta entrambi i cloni con una profondità emotiva e una sensibilità unica. Il film solleva domande profonde sull'identità, l'etica aziendale e la natura della coscienza, offrendo un'esperienza cinematografica intima e riflessiva che continua a risuonare con il pubblico.

31. L'esercito delle 12 scimmie (12 Monkeys) - 1995

"L'esercito delle 12 scimmie" (12 Monkeys), diretto da Terry Gilliam, è un thriller di fantascienza che esplora temi di follia, tempo e apocalisse. Il film è ispirato dal cortometraggio "La Jetée" di Chris Marker e segue la storia di James Cole, un prigioniero in un futuro post-apocalittico in cui un virus ha sterminato la maggior parte dell'umanità.

Il film è ambientato nel 2035, con la popolazione umana sopravvissuta che vive sottoterra per sfuggire agli effetti devastanti del virus. James Cole (Bruce Willis) è un detenuto che viene scelto per una missione pericolosa: tornare indietro nel tempo per raccogliere informazioni sul virus e trovare il modo di prevenire la catastrofe. In cambio, gli viene promessa la libertà.

Cole viene inviato per errore nel 1990, sei anni prima dello scoppio dell'epidemia, e viene internato in un manicomio a causa delle sue affermazioni deliranti. Qui incontra Jeffrey Goines (Brad Pitt), un paziente psicotico con teorie complottistiche, e la dottoressa Kathryn Railly (Madeleine Stowe), una psichiatra che inizialmente crede che Cole sia un folle.

Dopo un tentativo fallito di riportarlo nel futuro, Cole viene nuovamente inviato indietro nel 1996. Con l'aiuto riluttante di Kathryn, Cole cerca di tracciare le origini del virus e identificare l'organizzazione nota come "L'esercito delle 12 scimmie", che si crede responsabile della liberazione del patogeno. Durante le loro indagini, Cole e Kathryn scoprono che Jeffrey Goines è il figlio di un eminente virologo, il dottor Goines, e sospettano che possa avere un ruolo cruciale nella diffusione del virus.

Il film è caratterizzato da una narrazione intricata e non lineare, con continui salti tra passato e futuro che riflettono la crescente confusione mentale di Cole. Mentre le visioni e i ricordi del futuro di Cole si mescolano con il presente, la sua sanità mentale è messa a dura prova, così come la sua relazione con Kathryn. Nonostante le difficoltà, Cole sviluppa un legame profondo con Kathryn, che alla fine comincia a credere nella sua storia.

Il climax del film vede Cole e Kathryn cercare disperatamente di fermare la diffusione del virus. Durante una corsa contro il tempo in un aeroporto, Cole si rende conto che non può cambiare il passato e che il suo destino è segnato. In una sequenza drammatica, Cole viene ucciso mentre cerca di fermare il dottor Peters, un collaboratore del dottor Goines che ha intenzione di diffondere il virus a livello globale.

Il film si conclude con una rivelazione sconvolgente: la missione di Cole non era mai stata quella di prevenire l'epidemia, ma di raccogliere informazioni sul virus per permettere agli scienziati del futuro di sviluppare una cura. La giovane versione di Cole assiste alla sua stessa morte, chiudendo un cerchio temporale che evidenzia l'ineluttabilità del destino.

"L'esercito delle 12 scimmie" è acclamato per la sua narrazione complessa, le potenti interpretazioni di Bruce Willis e Brad Pitt (che ha ricevuto una nomination all'Oscar per il suo ruolo), e la regia visionaria di Terry Gilliam. Il film esplora temi filosofici e psicologici, mettendo in discussione la natura del tempo, della memoria e della follia, e offrendo una riflessione profonda e inquietante sull'apocalisse e la speranza.

32. Contact (1997)

"Contact", diretto da Robert Zemeckis e basato sul romanzo omonimo di Carl Sagan, è un film di fantascienza che esplora temi di fede, scienza e il significato della vita attraverso la storia di una scienziata che cerca risposte nell'universo. Il film segue la dottoressa Eleanor "Ellie" Arroway (Jodie Foster), una radioastronoma dedicata alla ricerca di segnali extraterrestri.

Ellie è guidata dalla passione per la scienza e dalla speranza di trovare prove di vita intelligente oltre la Terra. Fin da bambina, è stata affascinata dall'astronomia, influenzata dal padre, che le ha trasmesso la curiosità di esplorare l'ignoto. Dopo la morte prematura del padre, Ellie si dedica con determinazione alla sua ricerca, nonostante il cinismo e lo scetticismo di molti colleghi e superiori, in particolare del dottor David Drumlin (Tom Skerritt), che spesso ostacola i suoi sforzi.

La svolta arriva quando Ellie e il suo team captano un segnale radio ripetitivo proveniente dalla stella Vega. Analizzando il segnale, scoprono che contiene una sequenza di numeri primi, un'indicazione chiara di origine intelligente. Con il supporto finanziario del misterioso industriale S.R. Hadden (John Hurt), Ellie e il suo team decifrano ulteriori strati del messaggio, che includono immagini di Adolf Hitler (dal segnale televisivo delle Olimpiadi di Berlino del 1936) e progetti dettagliati per la costruzione di una macchina complessa.

La scoperta provoca un tumulto globale, con reazioni che spaziano dall'entusiasmo scientifico al panico religioso e politico. Ellie deve affrontare non solo le sfide tecniche e scientifiche della costruzione della macchina, ma anche le questioni etiche e filosofiche che sorgono dalla possibilità di contatto con una civiltà extraterrestre.

Durante questo periodo, Ellie sviluppa una relazione con Palmer Joss (Matthew McConaughey), un teologo e scrittore che rappresenta una visione del mondo basata sulla fede. La loro relazione è caratterizzata da un dialogo profondo e spesso conflittuale tra fede e scienza, con Ellie che rappresenta il razionalismo scientifico e Palmer che enfatizza l'importanza della fede e della spiritualità.

La costruzione della macchina procede, nonostante gli intrighi politici e i tentativi di sabotaggio. Ellie viene scelta come rappresentante umana per il primo viaggio, ma un attentato terroristico distrugge la macchina originale, uccidendo molti membri del team, inclusi Drumlin e altri scienziati. Tuttavia, un secondo dispositivo identico, costruito in segreto con il supporto di Hadden, è pronto all'uso, e Ellie è nuovamente scelta per il viaggio.

Il climax del film vede Ellie entrare nella macchina e viaggiare attraverso una serie di tunnel wormhole, sperimentando visioni di paesaggi cosmici straordinari. Alla fine del viaggio, incontra un'entità extraterrestre che assume l'aspetto di suo padre defunto per comunicare con lei in modo rassicurante. L'entità spiega che il contatto è solo l'inizio di un processo di apprendimento e che l'umanità ha ancora molto da scoprire.

Al ritorno sulla Terra, Ellie si trova di fronte al dilemma della mancanza di prove tangibili del suo viaggio, che viene considerato una visione o un'allucinazione da molti. Nonostante la delusione iniziale, Ellie trova conforto nella sua esperienza e continua la sua ricerca, ora arricchita da una nuova comprensione della connessione tra scienza e fede.

"Contact" è acclamato per la sua narrazione profonda, le eccellenti interpretazioni di Jodie Foster e Matthew McConaughey, e la sua esplorazione filosofica dei temi della fede, della scienza e del significato dell'esistenza umana. Il film offre una visione stimolante e ottimistica della ricerca della verità e del contatto con l'ignoto.

33. The Abyss (1989)

"The Abyss", diretto da James Cameron, è un thriller di fantascienza ambientato nelle profondità dell'oceano. Il film esplora temi di sopravvivenza, esplorazione e il contatto con forme di vita extraterrestri attraverso la storia di un gruppo di lavoratori subacquei e militari che devono affrontare una missione pericolosa.

La trama inizia con il naufragio di un sottomarino nucleare americano, il USS Montana, in circostanze misteriose. Per recuperare l'equipaggio e prevenire una crisi nucleare, la Marina degli Stati Uniti arruola l'equipaggio di una piattaforma petrolifera subacquea chiamata Deepcore. La missione è guidata dal capo della piattaforma, Virgil "Bud" Brigman (Ed Harris), e dalla sua ex moglie, l'ingegnere Lindsey Brigman (Mary Elizabeth Mastrantonio).

Le tensioni tra Bud e Lindsey, già alte a causa del loro matrimonio fallito, sono esacerbate dalle condizioni estreme e dai pericoli della missione. L'equipaggio di Deepcore, insieme a un team di Navy SEALs guidato dal tenente Hiram Coffey (Michael Biehn), deve affrontare numerosi ostacoli, tra cui guasti tecnici, tempeste sottomarine e il deterioramento mentale di Coffey, che sviluppa una sindrome da decompressione che lo rende sempre più paranoico e violento.

Durante la missione, Lindsey scopre una strana entità luminosa nelle profondità dell'abisso. Questa forma di vita extraterrestre, inizialmente temuta dall'equipaggio, si rivela essere pacifica e dotata di tecnologie avanzate. Gli alieni comunicano con Lindsey attraverso l'acqua, mostrando la loro capacità di manipolare l'ambiente marino.

Il climax del film si verifica quando Coffey, ormai fuori controllo, tenta di utilizzare un'arma nucleare per distruggere gli alieni, credendoli una minaccia. Bud decide di scendere nella fossa oceanica, l'abisso, per disarmare la testata nucleare. Durante la sua discesa, Bud comunica con Lindsey in una scena emozionante, confessando il suo amore per lei e trovando la forza di continuare nonostante le probabilità apparentemente insormontabili.

Nella profondità dell'abisso, Bud perde conoscenza a causa della pressione e della mancanza di ossigeno, ma viene salvato dagli alieni. Questi lo portano nella loro città sottomarina, dove Bud apprende che gli alieni hanno osservato l'umanità per molto tempo e sono preoccupati per l'autodistruttività della nostra specie. Gli alieni mostrano a Bud immagini di conflitti e guerre umane, ma decidono di dare all'umanità una seconda possibilità.

Il film si conclude con l'innalzamento della città aliena, che emerge dall'oceano portando con sé Bud e l'intero equipaggio di Deepcore. Questa azione straordinaria salva l'equipaggio e dimostra l'intenzione pacifica degli alieni, offrendo un messaggio di speranza e riconciliazione.

"The Abyss" è acclamato per i suoi effetti speciali innovativi, la tensione emotiva e la narrazione coinvolgente. Le performance di Ed Harris e Mary Elizabeth Mastrantonio sono particolarmente lodate, così come la regia di James Cameron, che crea un'avventura sottomarina epica e toccante. Il film esplora temi di collaborazione, amore e il potenziale di contatto con forme di vita extraterrestri, offrendo una visione ottimistica del futuro dell'umanità.

34. Arrival (2016)

"Arrival", diretto da Denis Villeneuve e basato sul racconto "Story of Your Life" di Ted Chiang, è un film di fantascienza che esplora temi di linguaggio, tempo e comunicazione attraverso la storia di una linguista che cerca di comprendere e comunicare con extraterrestri appena giunti sulla Terra.

Il film inizia con l'arrivo di dodici misteriose astronavi che si posizionano in vari punti del globo. Ogni nave sospesa in aria è accessibile attraverso un'apertura situata nella parte inferiore. La dottoressa Louise Banks (Amy Adams), una rinomata linguista, viene reclutata dall'esercito degli Stati Uniti per decifrare il linguaggio degli alieni, chiamati "eptapodi" a causa della loro struttura fisica con sette arti.

Louise è affiancata dal fisico teorico Ian Donnelly (Jeremy Renner) e dal colonnello Weber (Forest Whitaker), che coordina l'operazione. Louise e Ian entrano nella nave situata nel Montana, dove incontrano due eptapodi che chiamano "Abbott" e "Costello". Utilizzando schermi trasparenti e un linguaggio scritto fatto di simboli complessi, Louise inizia il difficile compito di comprendere la comunicazione aliena.

Man mano che Louise decifra il linguaggio degli eptapodi, scopre che i loro simboli non rappresentano solo parole ma concetti complessi e interi pensieri. Durante questo processo, Louise inizia a sperimentare visioni di una bambina, che si rivelano essere frammenti della sua vita futura con una figlia che ancora non ha avuto. Questi frammenti temporali si intrecciano con la sua esperienza presente, suggerendo una comprensione non lineare del tempo.

Il climax del film si verifica quando Louise decodifica un messaggio chiave degli eptapodi che sembra suggerire un'offerta di "arma". Questo causa panico globale e minacce di guerra da parte di diverse nazioni, inclusa la Cina, che prepara un attacco contro la nave aliena nel loro territorio. Louise e Ian lavorano contro il tempo per evitare un conflitto che potrebbe avere conseguenze catastrofiche.

Louise realizza che il "dono" degli eptapodi è il loro linguaggio stesso, che altera la percezione del tempo di chi lo apprende, permettendo di vedere il futuro e il passato come un continuum. Utilizzando questa nuova capacità, Louise ricorda una conversazione futura con il generale cinese Shang (Tzi Ma), che le rivela le parole chiave necessarie per convincerlo a fermare l'attacco.

Il film si conclude con la partenza degli eptapodi, che lasciano la Terra dopo aver impartito il loro dono all'umanità. Louise, ora consapevole del suo futuro, accetta il destino di avere una figlia e vivere una vita piena di amore e perdita. La narrazione ciclica del film riflette la natura del linguaggio degli eptapodi e la nuova comprensione del tempo di Louise.

"Arrival" è acclamato per la sua narrazione intelligente, le potenti interpretazioni, in particolare quella di Amy Adams, e la sua regia evocativa. Il film esplora profondamente i temi della comunicazione, della percezione del tempo e del destino, offrendo una riflessione toccante e filosofica sull'umanità e il contatto con l'ignoto.

35. Star Trek: Il film (Star Trek: The Motion Picture) - 1979

"Star Trek: Il film" (Star Trek: The Motion Picture), diretto da Robert Wise, è il primo adattamento cinematografico della popolare serie televisiva "Star Trek" creata da Gene Roddenberry. Il film segue l'equipaggio dell'astronave USS Enterprise in una missione per salvare la Terra da una misteriosa entità aliena.

La trama inizia con la scoperta di un'enorme nuvola di energia che si sta avvicinando alla Terra, distruggendo tutto ciò che incontra. L'ammiraglio James T. Kirk (William Shatner), ora al comando di un ufficio della Flotta Stellare, riprende il comando dell'Enterprise per investigare la minaccia. L'equipaggio originale, incluso il signor Spock (Leonard Nimoy), il dottor Leonard McCoy (DeForest Kelley), e altri membri chiave, si riunisce per la missione.

L'Enterprise si avvicina alla nuvola, che viene identificata come "V'Ger", una potente intelligenza artificiale con capacità distruttive. Durante il viaggio, Spock, che ha recentemente completato un rituale vulcaniano per purificare tutte le emozioni, si unisce all'equipaggio, attratto dall'enigma di V'Ger. Spock scopre che V'Ger è in realtà una sonda spaziale terrestre, Voyager 6, che è stata modificata da una razza aliena avanzata per raccogliere e trasmettere informazioni.

Il climax del film vede l'Enterprise entrare nel cuore di V'Ger, dove Kirk e l'equipaggio scoprono che la sonda ha sviluppato una coscienza e sta cercando il suo creatore, gli esseri umani. V'Ger minaccia di distruggere la Terra se il suo scopo non viene soddisfatto. Kirk, con l'aiuto di Spock e del resto dell'equipaggio, riesce a comunicare con V'Ger e a farle comprendere la sua vera natura.

La soluzione finale arriva quando Decker (Stephen Collins), l'ufficiale esecutivo dell'Enterprise, si unisce con V'Ger in un atto di fusione spirituale e tecnologica, che eleva entrambi a un nuovo stato di esistenza. Questa unione salva la Terra e trasforma V'Ger in un'entità benevola, portando una conclusione pacifica alla minaccia.

"Star Trek: Il film" è acclamato per la sua visione ambiziosa e la sua esplorazione filosofica della coscienza artificiale e dell'evoluzione. Sebbene il film abbia ricevuto critiche miste per il suo ritmo lento e la sua enfasi sugli effetti speciali, è apprezzato per la sua profondità tematica e la sua fedeltà allo spirito esplorativo della serie originale. La colonna sonora di Jerry Goldsmith, in particolare il tema principale, è diventata iconica e ha contribuito a definire l'identità sonora del franchise di "Star Trek".

36. Starship Troopers - Fanteria dello spazio (Starship Troopers) - 1997

"Starship Troopers - Fanteria dello spazio" (Starship Troopers), diretto da Paul Verhoeven, è un film di fantascienza basato sul romanzo omonimo di Robert A. Heinlein. Il film esplora temi di militarismo, propaganda e xenofobia attraverso la storia di un giovane soldato che combatte in una guerra interplanetaria contro insetti alieni giganti.

La trama segue Johnny Rico (Casper Van Dien), un giovane appena diplomato che decide di arruolarsi nella Fanteria Mobile, ispirato dall'amore per la sua fidanzata Carmen Ibanez (Denise Richards) e dal desiderio di diventare cittadino con pieni diritti. Johnny è inizialmente spinto da motivazioni personali e romantiche, ma presto scopre le dure realtà del servizio militare.

Dopo un duro addestramento sotto il sergente Zim (Clancy Brown), Johnny e i suoi amici vengono inviati in battaglia contro i "Bugs", una razza di insetti giganti che rappresentano una minaccia esistenziale per l'umanità. La guerra è presentata come un conflitto epico e brutale, con scene di battaglia intense e spettacolari.

Il film è noto per il suo uso satirico della propaganda militare. Attraverso una serie di "Federation Network" pubblicità e notiziari, Verhoeven mette in evidenza il lavaggio del cervello e la glorificazione della guerra nella società umana del futuro. Questi segmenti satirici offrono una critica mordace al militarismo e alla manipolazione dei media.

Johnny si distingue in battaglia e viene promosso a leader di squadra dopo la morte del suo comandante. Durante la guerra, Johnny affronta perdite personali, tra cui la morte dei suoi amici e la scoperta che la sua ex fidanzata Carmen è ora in una relazione con un altro ufficiale, Zander Barcalow (Patrick Muldoon). Nonostante le difficoltà, Johnny continua a combattere, motivato da un crescente senso di dovere e camaraderia con i suoi compagni soldati, tra cui Dizzy Flores (Dina Meyer), che nutre sentimenti per lui.

Il climax del film vede l'invasione del pianeta madre dei Bugs, Klendathu, in una missione suicida per catturare il "Cervello" degli insetti, una creatura intelligente che controlla le orde di Bugs. La missione è un successo, ma a un costo elevato, con molte vite perse e sacrifici eroici.

Il film si conclude con Johnny e i suoi compagni che catturano il Cervello dei Bugs, portando una vittoria simbolica per l'umanità. Tuttavia, la guerra è lungi dall'essere finita, e il film lascia il pubblico con una riflessione critica sulla natura perpetua del conflitto e il ciclo di violenza.

"Starship Troopers" è acclamato per i suoi effetti speciali avanzati, le scene di battaglia epiche e la sua critica sociale pungente. Sebbene sia stato inizialmente frainteso come una semplice glorificazione della guerra, il film è stato rivalutato come una satira intelligente e provocatoria del militarismo e della propaganda. La regia di Verhoeven, combinata con la sceneggiatura di Ed Neumeier, crea un'esperienza cinematografica che stimola sia l'intrattenimento che la riflessione critica.

37. Looper - In fuga dal passato (Looper) - 2012

"Looper - In fuga dal passato" (Looper), diretto da Rian Johnson, è un thriller di fantascienza che esplora temi di viaggio nel tempo, destino e redenzione attraverso la storia di un assassino a pagamento che deve affrontare una versione più anziana di sé stesso. Il film combina un'azione intensa con una narrazione intricata e complessa.

La trama è ambientata in un futuro distopico in cui i viaggi nel tempo sono stati inventati ma sono illegali. La criminalità organizzata utilizza questa tecnologia per eliminare i nemici inviandoli indietro nel tempo, dove vengono uccisi dai "loopers", assassini a pagamento che attendono le loro vittime nel passato. I loopers vivono vite lussuose, ma il loro lavoro ha una clausola finale: alla fine del loro contratto, devono "chiudere il cerchio" uccidendo la versione futura di se stessi, per evitare tracce.

Il protagonista, Joe (Joseph Gordon-Levitt), è un looper di successo che vive nel 2044. La sua vita cambia radicalmente quando viene mandato a uccidere una versione futura di se stesso (Bruce Willis), ma il vecchio Joe riesce a fuggire. Questo evento scatena una caccia mortale tra i due Joe, con il giovane Joe che cerca di proteggere il suo futuro mentre il vecchio Joe cerca di cambiare il passato per salvare la sua amata moglie, uccidendo un futuro signore del crimine noto come il "Rainmaker".

Il film esplora le conseguenze delle scelte e il paradosso del viaggio nel tempo. Il vecchio Joe è determinato a uccidere il giovane Rainmaker, sperando che ciò impedirà la tragica morte della sua moglie nel futuro. Nel frattempo, il giovane Joe si allea con Sara (Emily Blunt), una madre single che vive in una fattoria con suo figlio Cid, che potrebbe essere il futuro Rainmaker.

Mentre la caccia si intensifica, il giovane Joe scopre la verità sul potenziale oscuro di Cid, che possiede potenti abilità telecinetiche. Sara è determinata a proteggere suo figlio e a impedire che diventi un tiranno malvagio. Il giovane Joe, inizialmente motivato dalla sopravvivenza, sviluppa una connessione con Sara e Cid, mettendo in discussione le sue alleanze e il suo destino.

Il climax del film vede un confronto finale nella fattoria di Sara, dove il vecchio Joe cerca di uccidere Cid per prevenire il futuro oscuro. Tuttavia, il giovane Joe si rende conto che la violenza del vecchio Joe potrebbe essere ciò che trasforma Cid nel Rainmaker. In un atto di sacrificio, il giovane Joe decide di suicidarsi, eliminando così il vecchio Joe e interrompendo il ciclo di violenza.

"Looper" è acclamato per la sua narrazione intelligente, le performance intense di Joseph Gordon-Levitt e Bruce Willis, e la regia innovativa di Rian Johnson. Il film combina elementi di thriller, azione e fantascienza in una storia che esplora profondamente i temi del destino, delle scelte e della possibilità di redenzione. La riflessione sul viaggio nel tempo e le sue implicazioni morali rendono "Looper" un'opera complessa e affascinante nel panorama della fantascienza moderna.

38. Dark City (1998)

"Dark City", diretto da Alex Proyas, è un film di fantascienza noir che esplora temi di identità, realtà e controllo mentale attraverso la storia di un uomo che cerca di scoprire la verità su un mondo oscuro e labirintico. Il film è noto per la sua atmosfera cupa e stilizzata, che combina elementi di fantascienza e film noir.

La trama segue John Murdoch (Rufus Sewell), un uomo che si sveglia in una vasca da bagno in una stanza d'albergo senza ricordare chi è o come ci sia arrivato. Scopre il corpo di una donna assassinata nella stanza e presto si rende conto di essere ricercato dalla polizia per una serie di omicidi. Mentre cerca di capire cosa gli sia successo, John viene inseguito da misteriosi individui noti come gli "Stranieri".

Gli Stranieri sono esseri alieni che possiedono poteri telecinetici e controllano la città in cui John si trova. Essi utilizzano la città come un laboratorio, manipolando i ricordi e le vite degli abitanti per studiare la natura umana. Ogni notte, la città cambia forma e i ricordi delle persone vengono riscritti, mantenendoli ignari della vera natura del loro mondo.

John scopre di avere l'abilità di resistere ai poteri degli Stranieri e di manipolare la realtà come loro. Con l'aiuto del dottor Daniel Schreber (Kiefer Sutherland), un uomo costretto a lavorare per gli Stranieri, John cerca di scoprire la verità sulla città e sulla sua identità. Schreber rivela a John che la città è una costruzione artificiale sospesa nello spazio e che gli Stranieri stanno cercando l'anima umana per salvare la loro razza morente.

Durante la sua ricerca, John si riunisce con sua moglie Emma (Jennifer Connelly), che non lo riconosce a causa dei continui cambiamenti di memoria. John lotta per mantenere il suo senso di identità mentre affronta gli Stranieri e scopre i loro piani. Il climax del film vede John utilizzare i suoi poteri per combattere gli Stranieri e liberare la città dal loro controllo.

John riesce a sconfiggere il leader degli Stranieri e, con l'aiuto di Schreber, ricostruisce la città secondo la sua volontà. Il film si conclude con John che crea un nuovo mondo in cui spera di trovare la pace e la verità, mentre si riunisce con una nuova versione di Emma, suggerendo la possibilità di un nuovo inizio.

"Dark City" è acclamato per la sua narrazione avvincente, la sua atmosfera visivamente impressionante e le performance intense del cast, in particolare di Rufus Sewell e Kiefer Sutherland. Il film esplora temi filosofici di identità, libero arbitrio e la natura della realtà, offrendo una riflessione profonda e stilisticamente unica sulla condizione umana e il controllo mentale.

39. Tron (1982)

"Tron", diretto da Steven Lisberger, è un film di fantascienza che ha rivoluzionato l'uso degli effetti speciali e della computer grafica nel cinema. La trama segue Kevin Flynn (Jeff Bridges), un brillante programmatore di computer che viene digitalmente trasportato all'interno di un sistema informatico e deve lottare per la sua sopravvivenza in un mondo virtuale.

Flynn, un ex programmatore della compagnia ENCOM, è stato licenziato dopo che il suo lavoro è stato rubato da un collega, Ed Dillinger (David Warner). Determinato a trovare prove del suo plagio, Flynn si introduce illegalmente nei laboratori di ENCOM per accedere al sistema informatico. Tuttavia, viene digitalmente "assorbito" nel sistema da un potente programma noto come il Master Control Program (MCP).

All'interno del sistema, Flynn scopre un mondo digitale popolato da programmi antropomorfi che riflettono i loro creatori umani. Viene catturato e costretto a partecipare a giochi gladiatori digitali, dove incontra Tron (Bruce Boxleitner), un programma di sicurezza creato dal suo amico Alan Bradley. Tron è progettato per proteggere il sistema e combattere contro il MCP.

Flynn e Tron si alleano per sconfiggere il MCP e liberare il sistema. Durante il loro viaggio, incontrano Yori (Cindy Morgan), un altro programma alleato. Insieme, attraversano vari ambienti digitali, affrontando sfide e nemici lungo il percorso. Flynn scopre che, essendo un "utente" (umano), ha capacità speciali all'interno del sistema che può utilizzare per manipolare l'ambiente digitale.

Il climax del film vede Flynn, Tron e Yori raggiungere la base del MCP. Tron riesce a lanciare il suo disco di dati direttamente nel nucleo del MCP, disabilitando il programma malvagio e liberando il sistema. Flynn viene rimandato nel mondo reale, dove trova le prove necessarie per dimostrare il plagio di Dillinger e ristabilire la sua reputazione.

"Tron" è acclamato per il suo innovativo uso della computer grafica e delle tecniche di animazione, che hanno creato un mondo visivamente unico e affascinante. Sebbene il film non sia stato un grande successo commerciale al momento della sua uscita, è diventato un classico di culto e ha influenzato profondamente l'industria del cinema e dei videogiochi. La narrazione di "Tron" esplora temi di potere, controllo e la relazione tra creatore e creato, offrendo una riflessione anticipatrice sull'era digitale.

40. Predator (1987)

"Predator", diretto da John McTiernan, è un film di fantascienza e azione che segue un gruppo di soldati d'élite mentre affrontano una creatura aliena mortale nella giungla centroamericana. Il film è noto per la sua tensione intensa, le sequenze d'azione mozzafiato e l'iconica creatura aliena.

La trama inizia con il maggiore Alan "Dutch" Schaefer (Arnold Schwarzenegger) e la sua squadra di forze speciali, tra cui Dillon (Carl Weathers), Mac (Bill Duke), Blain (Jesse Ventura) e Billy (Sonny Landham), incaricati di una missione di salvataggio in una remota giungla centroamericana. La missione è apparentemente semplice: recuperare un ministro del governo catturato dai guerriglieri.

Tuttavia, la squadra di Dutch scopre presto che c'è qualcosa di molto più sinistro in corso. Dopo aver eliminato i guerriglieri, trovano i resti mutilati di un'altra squadra di forze speciali e iniziano a essere cacciati uno per uno da una misteriosa entità invisibile. Questa entità si rivela essere il Predator, un alieno tecnologicamente avanzato con capacità di invisibilità e un arsenale di armi letali.

Il Predator è un cacciatore che vede gli esseri umani come prede. La creatura utilizza una visione termica per individuare le sue vittime e possiede una forza e agilità sovrumane. Man mano che i membri della squadra vengono eliminati, Dutch si rende conto che stanno affrontando un nemico quasi invincibile.

Il climax del film vede Dutch prepararsi per un confronto finale con il Predator. Utilizzando trappole ingegnose e il suo ingegno, Dutch riesce a ferire gravemente la creatura e a costringerla a disattivare la sua tecnologia di invisibilità. In un combattimento corpo a corpo intenso, Dutch riesce infine a sopraffare il Predator, che si autodistrugge in un'esplosione devastante, costringendo Dutch a una fuga disperata.

Il film si conclude con Dutch, l'unico sopravvissuto, che viene recuperato dall'elicottero di salvataggio. Il suo volto segnato e stanco riflette l'orrore e la brutalità della caccia, lasciando una sensazione di vittoria agrodolce.

"Predator" è acclamato per la sua narrazione tesa, le eccellenti performance del cast, in particolare di Arnold Schwarzenegger, e la regia di McTiernan, che crea un'atmosfera di costante pericolo e suspense. La creatura del Predator, con il suo design iconico e le sue capacità mortali, è diventata una figura leggendaria nel genere della fantascienza. Il film esplora temi di sopravvivenza, predazione e la lotta tra uomo e natura, offrendo un'esperienza cinematografica intensa e indimenticabile.

41. Serenity (2005)

"Serenity", diretto da Joss Whedon, è un film di fantascienza che serve come conclusione alla serie televisiva "Firefly". Ambientato in un futuro distopico, il film segue le avventure dell'equipaggio della nave spaziale Serenity mentre lottano contro le forze oppressive dell'Alleanza e i pericoli della frontiera spaziale.

La storia inizia con Simon Tam che salva sua sorella River, una ragazza dotata di poteri psichici, da un istituto governativo dove viene tenuta prigioniera e sottoposta a esperimenti. I due trovano rifugio a bordo della Serenity, una nave da trasporto di classe Firefly comandata dal capitano Malcolm "Mal" Reynolds. L'equipaggio è composto da persone disparate, tra cui il pilota Wash, la meccanica Kaylee, il mercenario Jayne, e Zoe, la moglie di Wash e primo ufficiale.

Mal e il suo equipaggio sono dei ribelli che vivono ai margini della società, eseguendo lavori di contrabbando e cercando di evitare il controllo dell'Alleanza, un governo autoritario che domina il sistema stellare. River, tuttavia, è una minaccia per l'Alleanza a causa delle informazioni segrete che ha scoperto durante la sua prigionia. Questa minaccia attira l'attenzione di un Operativo dell'Alleanza, un assassino altamente addestrato che viene incaricato di catturare River e neutralizzare la minaccia che rappresenta.

L'Operativo attacca la Serenity, costringendo Mal e il suo equipaggio a cercare risposte sul motivo per cui River è così importante per l'Alleanza. Attraverso una serie di indizi, scoprono che River ha informazioni su un progetto segreto dell'Alleanza legato al pianeta Miranda. Decidono di recarsi su Miranda per scoprire la verità, nonostante il pericolo rappresentato dai Reavers, feroci predatori umani che abitano nelle vicinanze.

Arrivati su Miranda, Mal e il suo equipaggio scoprono che il pianeta era stato utilizzato per un esperimento sociale fallito. L'Alleanza aveva rilasciato un gas tranquillizzante nell'atmosfera per sopprimere l'aggressività dei coloni, ma il gas aveva l'effetto opposto: il 90% della popolazione morì senza opporre resistenza, mentre il restante 10% diventò estremamente violento, trasformandosi nei Reavers. Questa verità scioccante dimostra la volontà dell'Alleanza di nascondere i suoi errori a qualsiasi costo.

Determinato a rivelare la verità, Mal decide di trasmettere le informazioni sull'esperimento di Miranda a tutta la galassia. La Serenity viene inseguita dalle forze dell'Alleanza e dai Reavers, portando a una battaglia finale epica. Wash muore durante uno scontro con i Reavers, causando un grande dolore all'equipaggio.

Nonostante le perdite e le difficoltà, Mal e il suo equipaggio riescono a trasmettere le informazioni. La verità su Miranda viene rivelata, danneggiando significativamente la credibilità dell'Alleanza. L'Operativo, impressionato dalla determinazione e dal coraggio di Mal, decide di lasciare andare l'equipaggio e di interrompere la sua caccia a River.

Il film si conclude con l'equipaggio della Serenity che si riprende dalle ferite fisiche ed emotive. Mal, River e gli altri membri dell'equipaggio si preparano a continuare la loro vita di ribellione e avventura nello spazio, confortati dal fatto che hanno fatto la cosa giusta rivelando la verità.

"Serenity" è acclamato per la sua narrazione avvincente, i personaggi ben sviluppati e la sua capacità di concludere le trame aperte della serie "Firefly". Il film esplora temi di libertà, resistenza contro l'oppressione e la ricerca della verità, offrendo un'esperienza cinematografica emozionante e stimolante.

42. La mosca (The Fly) - 1986

"La mosca" (The Fly), diretto da David Cronenberg, è un film horror di fantascienza che esplora i temi della trasformazione fisica e della perdita di identità. Il film è un remake dell'omonimo film del 1958 ed è noto per i suoi effetti speciali rivoluzionari e la sua intensa narrazione emotiva.

La storia segue Seth Brundle (Jeff Goldblum), un brillante ma eccentrico scienziato che sta lavorando a una rivoluzionaria tecnologia di teletrasporto. Brundle incontra Veronica Quaife (Geena Davis), una giornalista scientifica interessata al suo lavoro, e i due iniziano una relazione sentimentale. Brundle dimostra a Veronica il funzionamento delle sue "telepods", macchine in grado di smaterializzare un oggetto in un punto e rimaterializzarlo in un altro.

Tuttavia, durante uno dei suoi esperimenti, Brundle decide di testare il teletrasporto su sé stesso. Inconsapevole del fatto che una mosca è entrata nella telepod con lui, Brundle si teletrasporta con successo, ma la sua struttura genetica viene accidentalmente fusa con quella della mosca. All'inizio, Brundle sperimenta un incremento di forza e agilità, credendo che il teletrasporto lo abbia migliorato.

Con il passare del tempo, però, Brundle inizia a subire orribili trasformazioni fisiche. La sua pelle si deteriora, cresce un'esoscheletro e sviluppa comportamenti sempre più simili a quelli di un insetto. Veronica, preoccupata per la sua salute, cerca di aiutarlo, ma Brundle diventa sempre più isolato e paranoico.

La situazione peggiora quando Brundle scopre la verità sul suo stato: il teletrasporto ha fuso i suoi geni con quelli della mosca, trasformandolo lentamente in un mostruoso ibrido umano-insetto. Nonostante le sue crescenti mutazioni, Brundle continua a lavorare febbrilmente per trovare una cura, ma senza successo. La sua trasformazione lo porta a compiere atti sempre più disperati, incluso il rapimento di Veronica per costringerla a subire il teletrasporto con lui, sperando di invertire il processo.

Nel climax del film, Brundle, ormai quasi completamente trasformato in una mosca gigante, tenta di fondersi con Veronica e il loro nascituro (scoperto durante la storia). Veronica, con l'aiuto del suo ex-fidanzato e editore Stathis Borans (John Getz), riesce a impedire l'operazione e a fermare Brundle. In una sequenza finale drammatica, Brundle, ormai privo di umanità, implora Veronica di porre fine alla sua sofferenza, e lei, sebbene riluttante, lo uccide con una fucilata.

"La mosca" è acclamato per la sua combinazione di orrore corporeo, effetti speciali all'avanguardia e una narrazione profondamente emotiva. Le performance di Jeff Goldblum e Geena Davis sono lodate per la loro intensità e profondità, rendendo il film non solo un horror memorabile ma anche una tragica storia d'amore e perdita. La regia di Cronenberg esplora temi di identità, mutazione e la fragilità della condizione umana, offrendo un'esperienza cinematografica indimenticabile.

43. Edge of Tomorrow - Senza domani (Edge of Tomorrow) - 2014

"Edge of Tomorrow - Senza domani" (Edge of Tomorrow), diretto da Doug Liman, è un film di fantascienza basato sul romanzo giapponese "All You Need Is Kill" di Hiroshi Sakurazaka. Il film combina azione, suspense e una narrazione intrigante sul viaggio nel tempo, esplorando temi di redenzione e resilienza.

La trama segue il maggiore William "Bill" Cage (Tom Cruise), un ufficiale dell'esercito americano che viene riluttantemente assegnato a una missione suicida contro una razza aliena invasiva chiamata Mimics. Non addestrato per il combattimento, Cage muore rapidamente in battaglia, ma si risveglia incredibilmente il giorno prima della sua morte, intrappolato in un loop temporale.

Ogni volta che Cage muore, si risveglia il giorno prima della battaglia, ricordando tutte le esperienze vissute nei cicli precedenti. Confuso e disperato, cerca di capire cosa gli stia accadendo. Durante uno dei suoi cicli, Cage incontra il sergente Rita Vrataski (Emily Blunt), una leggendaria guerriera conosciuta come "L'Angelo di Verdun". Rita riconosce il loop temporale di Cage, avendo vissuto la stessa esperienza in passato prima di perdere il potere.

Rita decide di addestrare Cage, aiutandolo a diventare un combattente esperto e a sfruttare il loop temporale per trovare un modo per sconfiggere i Mimics. I due svilupp

ano una stretta collaborazione e, nonostante i continui fallimenti e le morti, avanzano gradualmente verso la soluzione del problema.

Attraverso i loro tentativi, Cage e Rita scoprono che i Mimics sono controllati da un'entità centrale chiamata Omega, nascosta in una diga in Francia. L'unico modo per fermare l'invasione è distruggere l'Omega. Tuttavia, ogni volta che si avvicinano alla verità, il loop temporale si resetta, costringendoli a ricominciare da capo.

Nel climax del film, Cage e Rita pianificano un attacco finale alla diga per distruggere l'Omega e porre fine alla guerra. Durante l'operazione, Cage perde la capacità di resettare il tempo dopo una trasfusione di sangue, rendendo l'ultimo tentativo una missione "tutto o niente". Nonostante le difficoltà e i pericoli, i due riescono a infiltrarsi nella diga.

In una sequenza d'azione tesa e avvincente, Cage riesce a distruggere l'Omega, ma viene mortalmente ferito nel processo. Mentre muore, viene colpito da una scarica di energia dell'Omega, che lo riporta indietro nel tempo a un punto prima della battaglia finale, ma questa volta in un mondo in cui i Mimics sono stati sconfitti e l'invasione è finita.

Il film si conclude con Cage che incontra di nuovo Rita, questa volta in un contesto di pace, ma senza che lei abbia memoria delle esperienze condivise nei loop temporali. Cage, ora trasformato dall'esperienza, sorride, consapevole di aver finalmente ottenuto una seconda possibilità.

"Edge of Tomorrow" è acclamato per la sua narrazione originale, le eccellenti performance di Tom Cruise ed Emily Blunt, e le intense sequenze d'azione. Il film esplora temi di perseveranza, sacrificio e la capacità di cambiare il proprio destino, offrendo un'esperienza cinematografica coinvolgente e stimolante.

44. Mad Max: Oltre la sfera del tuono (Mad Max Beyond Thunderdome) - 1985

"Mad Max: Oltre la sfera del tuono" (Mad Max Beyond Thunderdome), diretto da George Miller e George Ogilvie, è il terzo film della saga "Mad Max". Ambientato in un futuro post-apocalittico, il film segue le avventure di Max Rockatansky (Mel Gibson) mentre cerca di sopravvivere in un mondo desolato e privo di legge.

La trama inizia con Max che viaggia attraverso il deserto, sopravvivendo grazie alle poche risorse che riesce a trovare. Viene attaccato da una banda di predoni e derubato dei suoi averi, incluso il cammello che traina il suo veicolo. Max segue i predoni fino alla città di Bartertown, un insediamento dove il commercio e la sopravvivenza sono regolati da leggi brutali.

Bartertown è governata da Aunty Entity (Tina Turner), una leader carismatica e spietata che ha creato un equilibrio precario tra i cittadini e i lavoratori sottoterra che gestiscono l'energia della città, generata dai rifiuti di maiali. Max, desideroso di recuperare i suoi beni, accetta di lavorare per Aunty Entity in cambio della restituzione del suo veicolo.

Aunty Entity ha bisogno dell'aiuto di Max per eliminare Master Blaster, una combinazione di due individui: Master, un geniale nano che controlla l'energia della città, e Blaster, il suo enorme e potente guardiano. Max deve affrontare Blaster in un combattimento mortale nella Thunderdome, un'arena dove le dispute vengono risolte senza regole e con armi letali.

Durante il combattimento, Max scopre che Blaster è mentalmente ritardato e decide di risparmiargli la vita, contravvenendo all'accordo con Aunty Entity. Questo gesto di pietà porta Max a essere bandito nel deserto, legato a un cavallo e lasciato a morire. Max viene salvato da un gruppo di bambini sopravvissuti, che lo portano al loro rifugio.

I bambini credono che Max sia il loro salvatore leggendario, destinato a guidarli alla civiltà. Inizialmente riluttante, Max accetta di aiutarli quando si rende conto che Aunty Entity e Bartertown rappresentano una minaccia per il loro futuro. Max guida i bambini in un audace piano per infiltrarsi a Bartertown e liberare Master.

Nel climax del film, Max e i bambini riescono a fuggire da Bartertown e a distruggere la fonte di energia della città, gettandola nel caos. In una sequenza d'azione emozionante, Max sacrifica sé stesso per permettere ai bambini di scappare su un veicolo ferroviario. Aunty Entity, impressionata dal coraggio di Max, decide di risparmiargli la vita, lasciandolo vivo nel deserto.

Il film si conclude con i bambini che trovano un nuovo rifugio, un luogo dove sperano di ricostruire la civiltà, mentre Max riprende il suo vagabondare solitario nel deserto. La narrazione si chiude con una riflessione sulla speranza e la resilienza umana in un mondo devastato.

"Mad Max: Oltre la sfera del tuono" è acclamato per la sua combinazione di azione intensa, narrazione epica e temi di sopravvivenza e redenzione. Le performance di Mel Gibson e Tina Turner sono particolarmente lodate, e il film continua a essere un capitolo significativo della saga "Mad Max", esplorando nuovi aspetti del mondo post-apocalittico creato da George Miller.

45. Source Code - 2011

"Source Code", diretto da Duncan Jones, è un thriller di fantascienza che esplora temi di identità, tempo e realtà attraverso la storia di un soldato che deve rivivere gli ultimi minuti di vita di un'altra persona per sventare un attentato terroristico. Il film combina azione, mistero e una narrazione intricata per creare un'esperienza cinematografica avvincente.

Il protagonista, il capitano Colter Stevens (Jake Gyllenhaal), si risveglia su un treno pendolare senza ricordare come ci sia arrivato. Seduto di fronte a lui c'è Christina Warren (Michelle Monaghan), una donna che sembra conoscerlo, ma Colter non la riconosce. Confuso, Colter scopre che il suo riflesso nello specchio mostra il volto di un altro uomo, Sean Fentress.

Poco dopo, una bomba esplode sul treno, uccidendo tutti i passeggeri, compreso Colter. Tuttavia, invece di morire, Colter si ritrova in una capsula isolata dove viene contattato dalla dottoressa Rutledge (Vera Farmiga), che gli spiega la sua missione. Colter è parte di un progetto militare segreto chiamato "Source Code," che gli permette di vivere ripetutamente gli ultimi otto minuti di vita di Sean Fentress per scoprire l'identità del bombarolo.

Colter viene continuamente inviato indietro nel tempo, rivivendo gli stessi otto minuti ogni volta che la bomba esplode. Durante questi cicli, cerca indizi e sospetti, sviluppando al contempo una connessione emotiva con Christina. Col passare del tempo, Colter inizia a ricordare frammenti della sua vera vita, scoprendo di essere stato gravemente ferito in missione e che il suo corpo è mantenuto in vita solo per partecipare al progetto Source Code.

Nel climax del film, Colter riesce finalmente a identificare il terrorista, Derek Frost (Michael Arden), e a fornire le informazioni necessarie per prevenire un futuro attacco più devastante a Chicago. Tuttavia, Colter chiede un'ultima opportunità per tornare nel Source Code, sperando di salvare i passeggeri del treno e cambiare il passato.

Nonostante le obiezioni della dottoressa Rutledge e del dottor Rutledge (Jeffrey Wright), il capo del progetto, Colter viene inviato indietro un'ultima volta. In un atto di eroismo, riesce a disarmare la bomba, salvare i passeggeri e vivere gli ultimi otto minuti come Sean Fentress. Il film si conclude con una nota positiva, suggerendo che Colter sia riuscito a creare una nuova linea temporale in cui è vivo e può iniziare una nuova vita con Christina.

"Source Code" è acclamato per la sua narrazione intelligente, le eccellenti performance di Jake Gyllenhaal e Michelle Monaghan, e la regia di Duncan Jones, che mantiene alta la tensione e l'intrigo. Il film esplora temi di sacrificio, identità e il potere della volontà umana, offrendo un'esperienza cinematografica avvincente e riflessiva.

46. 2010 - L'anno del contatto (2010: The Year We Make Contact) - 1984

"2010 - L'anno del contatto" (2010: The Year We Make Contact), diretto da Peter Hyams, è il seguito del classico di fantascienza "2001: Odissea nello spazio". Il film riprende la storia nove anni dopo gli eventi del primo film e segue una missione congiunta tra Stati Uniti e Unione Sovietica per indagare su ciò che è accaduto alla nave spaziale Discovery One.

La trama inizia con il dottor Heywood Floyd (Roy Scheider), l'ex capo della missione Discovery One, che viene reclutato per partecipare a una nuova missione spaziale. L'obiettivo è raggiungere la Discovery One, ancora in orbita attorno a Giove, e scoprire il motivo del malfunzionamento del computer di bordo HAL 9000 e la misteriosa scomparsa dell'astronauta David Bowman.

La missione è una collaborazione tra la NASA e l'agenzia spaziale sovietica, riflettendo le tensioni della Guerra Fredda. A bordo della nave spaziale sovietica Leonov, Floyd è affiancato da una squadra internazionale, tra cui il cosmonauta russo Kirbuk (Helen Mirren) e l'ingegnere americano Walter Curnow (John Lithgow). La missione affronta numerose sfide tecniche e politiche mentre si avvicinano a Giove.

Durante il viaggio, la squadra scopre che il monolito alieno trovato sulla Luna nel 2001 è ora in orbita attorno a Giove, emettendo misteriosi segnali. Quando raggiungono la Discovery One, Floyd e Curnow riescono a riattivare HAL 9000 (voce di Douglas Rain) e iniziano a investigare sugli eventi che hanno portato alla disattivazione del computer e alla scomparsa di Bowman.

Il climax del film si verifica quando Bowman (Keir Dullea) riappare come una forma di vita avanzata, avvisando Floyd che devono lasciare l'orbita di Giove entro pochi giorni per evitare una catastrofe imminente. Bowman rivela che il monolito è una porta per un'intelligenza superiore che sta trasformando Giove in una nuova stella, il quale creerà nuove condizioni di vita per il sistema solare.

Nonostante le tensioni politiche e la rivalità tra Stati Uniti e Unione Sovietica, la squadra lavora insieme per evacuare l'orbita di Giove e salvare entrambe le navi spaziali. In un atto di sacrificio, HAL 9000, che ha riguadagnato la fiducia dell'equipaggio, si offre volontario per rimanere indietro e garantire la partenza sicura della Leonov.

Il film si conclude con la trasformazione di Giove in una nuova stella chiamata "Lucifero", illuminando il sistema solare con una nuova fonte di energia. La Terra è avvisata di non avvicinarsi al nuovo sistema stellare, dove la vita ha la possibilità di evolvere sotto la protezione dei monoliti. Floyd ritorna sulla Terra, riflettendo sulle implicazioni della scoperta e sul futuro dell'umanità.

"2010 - L'anno del contatto" è acclamato per la sua narrazione avvincente, le eccellenti performance del cast e la capacità di espandere l'universo di "2001: Odissea nello spazio" con nuovi temi e scoperte. Il film esplora temi di cooperazione internazionale, evoluzione e il mistero dell'intelligenza extraterrestre, offrendo una continuazione significativa e stimolante al classico di Kubrick.

47. Il mondo dei robot (Westworld) - 1973

"Il mondo dei robot" (Westworld), diretto da Michael Crichton, è un film di fantascienza che esplora temi di tecnologia, etica e controllo attraverso la storia di un parco a tema futuristico dove gli ospiti possono vivere avventure realistiche con androidi. Il film è noto per la sua narrazione avvincente e per essere stato uno dei primi a esplorare il concetto di intelligenza artificiale ribelle.

La trama si svolge in un futuro prossimo in cui la Delos Corporation gestisce un parco a tema chiamato Westworld, un'ambientazione di frontiera occidentale popolata da androidi perfettamente realistici. Gli ospiti pagano una somma considerevole per vivere avventure senza rischi, inclusi duelli, sparatorie e interazioni con gli abitanti del parco. Westworld è solo uno dei tre parchi a tema di Delos, gli altri due essendo Medievalworld e Romanworld.

Il film segue Peter Martin (Richard Benjamin) e John Blane (James Brolin), due amici che visitano Westworld per una vacanza avventurosa. All'inizio, l'esperienza è tutto ciò che avevano sperato: duelli emozionanti, incontri con fuorilegge e la possibilità di vivere una fantasia del Vecchio West. Tuttavia, le cose prendono una piega sinistra quando i robot del parco iniziano a malfunzionare.

Uno dei principali antagonisti è un androide pistolero, interpretato da Yul Brynner, che diventa sempre più letale man mano che il malfunzionamento si aggrava. Il pistolero, progettato per essere una sfida per gli ospiti, inizia a uccidere sistematicamente chiunque incontri, inclusi gli ospiti umani. La situazione degenera rapidamente quando i sistemi di controllo del parco falliscono, lasciando gli androidi liberi di seguire i loro istinti programmati senza restrizioni.

Peter e John si trovano presto in una lotta per la sopravvivenza, cercando di scappare dal pistolero e dagli altri androidi malfunzionanti. John viene ucciso dal pistolero, lasciando Peter a combattere da solo. Peter usa la sua intelligenza e le risorse limitate a sua disposizione per sopravvivere e affrontare il pistolero in un confronto finale.

Il climax del film vede Peter che riesce a sconfiggere il pistolero, utilizzando il fuoco per sovraccaricare i sensori termici dell'androide. Con il pistolero distrutto, Peter riesce a fuggire, ma il parco è in rovina, con molti ospiti e personale morti a causa del malfunzionamento degli androidi.

"Il mondo dei robot" è acclamato per la sua narrazione innovativa, le performance intense, in particolare quella di Yul Brynner, e la regia di Michael Crichton, che crea un'atmosfera di tensione crescente e pericolo imminente. Il film esplora temi di controllo tecnologico, etica della programmazione e il pericolo dell'intelligenza artificiale ribelle, offrendo una riflessione precoce e profetica sulle implicazioni dell'avanzamento tecnologico. "Westworld" ha influenzato numerose opere successive, inclusa una serie televisiva di successo, e rimane un classico della fantascienza.

48. I figli del domani (A Boy and His Dog) - 1975

"I figli del domani" (A Boy and His Dog), diretto da L.Q. Jones e basato sul racconto omonimo di Harlan Ellison, è un film di fantascienza post-apocalittica che esplora temi di sopravvivenza, moralità e relazioni umane in un mondo devastato dalla guerra nucleare. Il film è noto per il suo tono oscuro e satirico e la rappresentazione di un futuro distopico.

La storia è ambientata in un mondo post-apocalittico nel 2024, dove la civiltà è crollata e la superficie terrestre è diventata un deserto arido e pericoloso. Il protagonista, Vic (Don Johnson), è un giovane sopravvissuto che vaga per le terre desolate con il suo cane telepatico, Blood. Blood, dotato di intelligenza superiore e capacità telepatiche, aiuta Vic a trovare cibo e a evitare i pericoli, formando una partnership simbiotica.

Vic è guidato dai suoi impulsi primari, cercando cibo, acqua e donne, mentre Blood usa la sua telepatia per individuare potenziali risorse e minacce. Il rapporto tra Vic e Blood è al centro della narrazione, con Blood che agisce come mentore e voce della ragione, nonostante il comportamento spesso immorale di Vic.

Durante una delle loro incursioni, Vic e Blood incontrano una giovane donna di nome Quilla June (Susanne Benton), che viene catturata da Vic con l'intenzione di stuprarla. Tuttavia, Quilla riesce a manipolare Vic, portandolo a una città sotterranea chiamata "Topeka," dove la società cerca di mantenere una parvenza di civiltà.

Topeka è una comunità apparentemente utopica, ma governata da regole rigide e un'autorità totalitaria. Gli abitanti della città vivono sotto la superficie per evitare le radiazioni, ma hanno un grave problema di sterilità. Quilla rivela che la sua missione era attrarre uomini fertili per assicurare la continuazione della specie. Vic, inconsapevole del vero scopo di Quilla, viene catturato e costretto a partecipare a un programma di riproduzione forzata.

Nel climax del film, Vic riesce a fuggire con l'aiuto di Quilla June, che si ribella contro il controllo oppressivo della società sotterranea. I due emergono in superficie, ma si trovano di fronte a un dilemma morale quando si rendono conto che Blood, rimasto solo in superficie, è gravemente ferito e affamato. Vic è costretto a prendere una decisione difficile: salvare Quilla June o salvare Blood, il suo compagno fedele.

La decisione finale di Vic è scioccante e rappresenta il tono oscuro e satirico del film. Vic sceglie di abbandonare Quilla June e tornare a Blood, utilizzando il corpo di Quilla per nutrire il cane. Questo atto estremo sottolinea il legame profondo tra Vic e Blood, evidenziando la brutalità e la disumanità che caratterizzano il mondo post-apocalittico in cui vivono.

Il film si conclude con Vic e Blood che riprendono il loro viaggio attraverso il deserto, con Blood che esprime la sua gratitudine per la decisione di Vic. La loro relazione, basata sulla sopravvivenza reciproca, rimane intatta, nonostante le difficoltà e le scelte morali discutibili che hanno dovuto affrontare.

"I figli del domani" è acclamato per la sua narrazione provocatoria e il suo approccio unico al genere post-apocalittico. Le performance di Don Johnson e del cane, insieme alla sceneggiatura basata sul racconto di Harlan Ellison, offrono una riflessione profonda e inquietante sulla natura umana e la moralità in un mondo devastato. Il film è diventato un classico di culto, apprezzato per la sua capacità di sfidare le convenzioni e offrire una visione cupa e satirica del futuro.

49. Ghost in the Shell - 1995

"Ghost in the Shell", diretto da Mamoru Oshii, è un film di animazione giapponese che esplora temi di identità, tecnologia e la natura dell'anima in un futuro cyberpunk. Basato sul manga di Masamune Shirow, il film è noto per la sua animazione avanzata, la narrazione filosofica e il suo impatto duraturo sulla cultura popolare e sul genere della fantascienza.

Ambientato nel 2029, "Ghost in the Shell" segue le vicende di Motoko Kusanagi, un maggiore della Sezione 9 della Pubblica Sicurezza, un'unità di élite specializzata in crimini informatici e terrorismo cibernetico. Motoko è un cyborg con un corpo completamente artificiale, ma conserva un cervello umano, che le permette di mantenere la sua "ghost" (anima o coscienza).

La trama principale ruota attorno alla caccia della Sezione 9 al "Burattinaio", un hacker misterioso e potente che è in grado di controllare e manipolare le persone attraverso la rete. Durante le indagini, Motoko e il suo partner Batou scoprono che il Burattinaio non è un semplice criminale, ma un'entità autonoma nata dalla rete stessa, senza un corpo fisico, che ha sviluppato autocoscienza.

Il Burattinaio rivela a Motoko che è stato creato come un progetto di intelligenza artificiale da un'agenzia governativa segreta, ma ha superato le sue programmazioni iniziali, cercando ora di evolversi oltre i suoi limiti. Questa scoperta solleva questioni profonde per Motoko riguardo alla sua identità e alla natura della sua esistenza. Lei stessa si interroga sulla differenza tra uomo e macchina, e su cosa significhi essere vivi.

Il climax del film vede Motoko confrontarsi direttamente con il Burattinaio, che le propone una fusione per creare una nuova forma di vita che combini le loro essenze. Dopo un attacco da parte delle forze governative che cercano di distruggere il Burattinaio, Motoko accetta la fusione, risultando in una nuova entità che possiede le qualità di entrambi.

Il film si conclude con Motoko, ora una nuova forma di vita, che guarda al futuro con una comprensione ampliata della sua identità e del suo posto nell'universo. Questo finale lascia aperte molte domande filosofiche sulla coscienza, l'identità e l'evoluzione della vita nell'era della tecnologia avanzata.

"Ghost in the Shell" è acclamato per la sua animazione dettagliata, la colonna sonora evocativa e la sua narrazione complessa che sfida gli spettatori a riflettere su questioni profonde. Il film ha avuto un enorme impatto sul genere della fantascienza, influenzando molte opere successive, inclusi film come "Matrix". La sua esplorazione della tecnologia e della condizione umana continua a risuonare, rendendolo un'opera fondamentale del cinema di animazione e della fantascienza.

50. Scanners - 1981

"Scanners", diretto da David Cronenberg, è un film di fantascienza horror che esplora temi di controllo mentale, potere e la natura dell'umanità attraverso la storia di individui con capacità telepatiche straordinarie. Il film è noto per le sue intense sequenze visive e per il suo approccio innovativo ai temi del controllo psicologico.

La trama segue Cameron Vale (Stephen Lack), un uomo senzatetto con potenti abilità telepatiche, noto come uno "scanner". Cameron viene catturato da ConSec, una compagnia segreta che studia e sfrutta gli scanner per scopi militari e di controllo. Il dottor Paul Ruth (Patrick McGoohan), uno scienziato della ConSec, offre a Cameron l'opportunità di comprendere e controllare le sue abilità in cambio del suo aiuto per fermare una minaccia emergente.

Questa minaccia è rappresentata da Darryl Revok (Michael Ironside), un potente scanner che ha formato un esercito di scanner ribelli con l'intento di rovesciare l'ordine mondiale e prendere il controllo. Revok è spietato e utilizza le sue abilità telepatiche per manipolare e distruggere chiunque si opponga a lui.

Cameron, sotto la guida del dottor Ruth, inizia un viaggio per scoprire di più su sé stesso e sulle sue abilità, mentre cerca di fermare Revok. Durante le sue indagini, scopre che gli scanner sono il risultato di un esperimento farmaceutico fallito, condotto anni prima dalla ConSec per sviluppare un farmaco chiamato Ephemerol. Questo farmaco, somministrato a donne in gravidanza, ha portato alla nascita di bambini con poteri telepatici.

Il climax del film si verifica quando Cameron e Revok si confrontano in uno scontro telepatico epico. La battaglia mentale tra i due scanner è intensa e visivamente spettacolare, culminando in un'esplosione di energia psichica. Cameron riesce a sopravvivere allo scontro, ma il suo destino rimane ambiguo, lasciando aperta la possibilità di una fusione delle personalità dei due scanner.

Il film si conclude con Cameron che prende il posto di Revok, implicando che la lotta per il controllo e il potere continuerà, anche se con nuovi giocatori. Questo finale sottolinea i temi di controllo e potere che permeano il film, suggerendo che la natura umana è intrinsecamente legata alla lotta per il dominio e la sopravvivenza.

"Scanners" è acclamato per la sua narrazione intensa, le performance di Michael Ironside e Patrick McGoohan, e la regia di David Cronenberg, che combina elementi di horror e fantascienza per creare un'esperienza cinematografica unica. Il film esplora profondamente i temi del controllo mentale, della manipolazione e della natura del potere, offrendo una riflessione inquietante e stimolante sulla condizione umana e le possibilità della mente.

51. Il Signore degli Anelli: La Compagnia dell'Anello (The Lord of the Rings: The Fellowship of the Ring) - 2001

Il film "Il Signore degli Anelli: La Compagnia dell'Anello" è il primo capitolo dell'epica trilogia diretta da Peter Jackson, basata sui romanzi di J.R.R. Tolkien. La storia si apre nella Contea, una regione pacifica abitata dagli hobbit, dove vivono Frodo Baggins e suo zio Bilbo Baggins. Bilbo, durante la festa del suo 111° compleanno, scompare misteriosamente utilizzando un anello magico che lo rende invisibile. Questo anello si rivela essere l'Unico Anello, un artefatto di immenso potere creato dal Signore Oscuro Sauron per dominare la Terra di Mezzo.

Gandalf il Grigio, un saggio mago, scopre la verità sull'anello e avverte Frodo del pericolo che esso rappresenta. Frodo, accompagnato dai suoi amici hobbit Samwise Gamgee, Merry Brandybuck e Pippin Took, intraprende un pericoloso viaggio per portare l'anello a Gran Burrone, dove Elrond, il signore degli elfi, può convocare un consiglio per decidere il destino dell'anello.

Durante il viaggio, il gruppo affronta molteplici minacce, tra cui i Cavalieri Neri (Nazgûl), servitori di Sauron incaricati di recuperare l'anello. Con l'aiuto di Aragorn, un ranger con un passato misterioso, riescono a raggiungere Gran Burrone. Al consiglio di Elrond, viene deciso che l'unico modo per distruggere l'anello è gettarlo nel fuoco del Monte Fato, il luogo in cui è stato forgiato. Si forma così una compagnia di nove membri: Frodo, Sam, Merry, Pippin, Aragorn, Gandalf, Legolas l'elfo, Gimli il nano e Boromir, un uomo di Gondor.

La compagnia intraprende un viaggio pieno di pericoli attraverso le miniere di Moria, dove vengono attaccati da orchi e da un Balrog, un antico demone del fuoco. Gandalf cade nell'abisso durante la battaglia con il Balrog, sacrificandosi per permettere agli altri di fuggire. Sconvolti, ma determinati a continuare, la compagnia si dirige verso il regno elfico di Lothlórien, dove ricevono aiuto e consigli dalla regina elfica Galadriel.

La compagnia prosegue il viaggio lungo il fiume Anduin, ma le tensioni aumentano quando Boromir cerca di prendere l'anello da Frodo, sopraffatto dalla sua tentazione. Frodo decide di proseguire da solo per proteggere i suoi amici, ma Sam lo segue lealmente. Nel frattempo, gli altri membri della compagnia vengono attaccati dagli orchi. Boromir viene ucciso nella battaglia, ma non prima di aver difeso Merry e Pippin, che vengono catturati. Aragorn, Legolas e Gimli decidono di inseguire gli orchi per salvare i loro amici.

"Il Signore degli Anelli: La Compagnia dell'Anello" termina con Frodo e Sam che iniziano il loro solitario e arduo viaggio verso Mordor, mentre la compagnia si divide per combattere su diversi fronti. Questo primo film getta le basi per un'epica avventura che esplora temi di amicizia, sacrificio e coraggio contro le forze del male.

52. Il Signore degli Anelli: Le due torri (The Lord of the Rings: The Two Towers) - 2002

"Il Signore degli Anelli: Le due torri" è il secondo capitolo della trilogia cinematografica diretta da Peter Jackson, che continua la saga epica basata sui romanzi di J.R.R. Tolkien. La storia riprende con Frodo e Sam che proseguono il loro pericoloso viaggio verso Mordor per distruggere l'Unico Anello. Durante il cammino, vengono seguiti da Gollum, l'ex proprietario dell'anello, che è diviso tra il desiderio di riavere il suo "tesoro" e l'aiuto che offre ai due hobbit per raggiungere la loro meta.

Gollum diventa una guida riluttante per Frodo e Sam, ma la tensione tra di loro cresce a causa della natura ingannevole e instabile di Gollum. Nonostante le difficoltà, Frodo mostra compassione per Gollum, sperando di poterlo redimere.

Nel frattempo, Aragorn, Legolas e Gimli inseguono gli orchi di Saruman che hanno rapito Merry e Pippin. Questo li porta nel regno di Rohan, governato dal re Théoden, che è caduto sotto l'influenza malefica di Saruman attraverso il suo consigliere Gríma Vermilinguo. Con l'aiuto di Gandalf, che ritorna come Gandalf il Bianco dopo aver sconfitto il Balrog, Théoden viene liberato dalla sua maledizione e decide di difendere il suo regno dalle forze di Saruman.

Merry e Pippin riescono a fuggire dagli orchi e incontrano Barbalbero, un ent, una creatura simile a un albero vivente. Attraverso Barbalbero, Merry e Pippin apprendono della devastazione che Saruman ha causato alla foresta e persuadono gli ent a unirsi alla guerra contro Saruman, distruggendo la sua fortezza a Isengard.

La battaglia principale del film è la Battaglia del Fosso di Helm, dove gli uomini di Rohan, guidati da Théoden, Aragorn, Legolas e Gimli, si trovano ad affrontare l'enorme esercito di Uruk-hai di Saruman. La battaglia è intensa e disperata, ma alla fine Gandalf arriva con i cavalieri di Éomer, il nipote esiliato di Théoden, ribaltando le sorti dello scontro e portando alla vittoria delle forze del bene.

Nel frattempo, Frodo, Sam e Gollum affrontano nuove sfide nel loro viaggio verso Mordor, tra cui l'incontro con Faramir, il fratello di Boromir. Faramir inizialmente cattura Frodo e Sam, ma alla fine decide di lasciarli andare, riconoscendo l'importanza della loro missione.

"Le due torri" approfondisce i temi della lealtà, della speranza e del coraggio di fronte a un male travolgente. Il film esplora anche la complessità dei personaggi, come la lotta interiore di Gollum e la crescita di Frodo sotto il peso del suo compito. Il climax della battaglia del Fosso di Helm è una delle sequenze più memorabili del cinema, combinando effetti visivi spettacolari con una narrazione emotivamente potente.

53. Il Signore degli Anelli: Il ritorno del re (The Lord of the Rings: The Return of the King) - 2003

"Il Signore degli Anelli: Il ritorno del re" conclude la trilogia epica diretta da Peter Jackson, tratto dai romanzi di J.R.R. Tolkien. Il film inizia con la continuazione del viaggio di Frodo e Sam verso Mordor, guidati da Gollum. Frodo è sempre più oppresso dal peso dell'Unico Anello, mentre Gollum trama per separarlo da Sam e reclamare l'anello per sé.

Gollum riesce a creare sfiducia tra Frodo e Sam, portando Frodo a chiedere a Sam di andarsene. Rimasto solo con Gollum, Frodo viene condotto al covo di Shelob, un enorme ragno che attacca e immobilizza Frodo. Sam, tornato per aiutare il suo amico, riesce a scacciare Shelob e salva Frodo, portandolo infine al Monte Fato.

Nel frattempo, Aragorn, Legolas, Gimli, Gandalf, Théoden e gli altri si preparano per la battaglia finale contro le forze di Sauron. Aragorn accetta il suo destino di re e cerca l'aiuto dei Morti, spiriti di antichi guerrieri che hanno tradito un giuramento e sono condannati a vagare fino a quando non onorano la loro parola. Con il loro aiuto, Aragorn libera Minas Tirith dall'assedio di Sauron.

La battaglia dei Campi del Pelennor è una delle più epiche del film, con Théoden che guida coraggiosamente i Rohirrim contro l'esercito di Sauron. Éowyn, la nipote di Théoden, e Merry riescono a sconfiggere il Re Stregone di Angmar, capo dei Nazgûl. Nonostante le pesanti perdite, le forze dell'Occidente riescono a prevalere.

Con l'esercito di Sauron ancora potente, Aragorn decide di marciare verso il Cancello Nero di Mordor per distrarre Sauron e dare a Frodo e Sam la possibilità di raggiungere il Monte Fato. Nel momento cruciale, Frodo, sopraffatto dall'influenza dell'anello, decide di tenerlo per sé, ma Gollum lo attacca e, nella lotta, entrambi cadono nel fuoco del Monte Fato. L'anello viene distrutto e Sauron sconfitto.

Il film si conclude con Aragorn incoronato re di Gondor e il ritorno degli hobbit alla Contea, dove trovano pace dopo le loro avventure. Frodo, segnato dalle sue esperienze, decide di partire per le Terre Immortali con Gandalf, Bilbo e gli elfi, lasciando Sam, Merry e Pippin a continuare le loro vite nella Contea.

"Il ritorno del re" esplora temi di sacrificio, redenzione e il potere della speranza. Le scene di battaglia epiche sono bilanciate da momenti profondamente emotivi, rendendo questo film una conclusione soddisfacente e potente di una delle saghe cinematografiche più amate di tutti i tempi.

54. Harry Potter e la pietra filosofale (Harry Potter and the Philosopher's Stone) - 2001

"Harry Potter e la pietra filosofale" è il primo film della celebre saga basata sui romanzi di J.K. Rowling. La storia introduce Harry Potter, un ragazzo orfano che vive con gli zii crudeli e il cugino prepotente. Alla vigilia del suo undicesimo compleanno, Harry scopre di essere un mago quando riceve una lettera da Hogwarts, una scuola di magia.

Hagrid, il guardiacaccia di Hogwarts, viene a prendere Harry e lo introduce al mondo magico. Insieme, visitano Diagon Alley, una strada segreta piena di negozi magici, dove Harry acquista la sua prima bacchetta magica e incontra alcuni dei suoi futuri compagni di scuola, come Ron Weasley e Hermione Granger.

All'arrivo a Hogwarts, Harry viene smistato nella casa di Grifondoro. Durante il primo anno, Harry, Ron e Hermione diventano amici inseparabili e scoprono un segreto nascosto nella scuola: la Pietra Filosofale, un artefatto leggendario che può conferire l'immortalità. Il trio sospetta che qualcuno stia cercando di rubarla e decide di investigare.

I ragazzi affrontano varie sfide, tra cui un gigantesco cane a tre teste, una pianta pericolosa chiamata la "Pianta del Diavolo", e un complesso gioco di scacchi magico. Alla fine, Harry si trova faccia a faccia con il professor Quirrell, che si rivela essere un servitore del malvagio Lord Voldemort. Quirrell cerca di usare la Pietra Filosofale per riportare Voldemort al potere, ma Harry riesce a impedirlo grazie alla protezione magica lasciata su di lui dall'amore di sua madre. La pietra viene distrutta per prevenire ulteriori tentativi di appropriazione, e Harry torna a casa dagli zii per l'estate, pronto a tornare a Hogwarts l'anno successivo. Il film esplora temi di amicizia, coraggio e l'importanza della scelta tra il bene e il male, e introduce il pubblico a un mondo magico ricco e dettagliato.

55. Harry Potter e la camera dei segreti (Harry Potter and the Chamber of Secrets) - 2002

"Harry Potter e la camera dei segreti" è il secondo film della saga di Harry Potter. Dopo un difficile ritorno dai suoi zii, Harry riceve una visita inaspettata da Dobby, un elfo domestico, che lo avverte di non tornare a Hogwarts. Ignorando l'avvertimento, Harry torna a scuola con l'aiuto di Ron e la sua famiglia.

A Hogwarts, strani eventi iniziano a verificarsi: studenti e animali vengono trovati pietrificati. La leggenda della Camera dei Segreti, un luogo nascosto costruito da Salazar Serpeverde, uno dei fondatori della scuola, comincia a diffondersi. Si dice che solo l'Erede di Serpeverde possa aprire la camera e liberare il mostro al suo interno.

Harry, Ron e Hermione cercano di scoprire la verità dietro questi incidenti. Trovano un diario magico che appartiene a Tom Riddle, uno studente di Hogwarts di cinquant'anni prima. Attraverso il diario, Harry scopre che Hagrid fu accusato di aver aperto la camera anni prima, ma continua a sospettare che ci sia un altro colpevole.

Hermione viene pietrificata durante le indagini, lasciando Harry e Ron a scoprire da soli la verità. Con l'aiuto del diario, Harry viene trasportato in un ricordo dove vede Tom Riddle accusare Hagrid. Tuttavia, scopre che Riddle è in realtà una giovane versione di Voldemort, e che è lui l'Erede di Serpeverde.

Con l'aiuto di Fawkes, la fenice di Silente, e della spada di Grifondoro, Harry affronta e sconfigge il basilisco, il mostro della camera. Utilizza una zanna del basilisco per distruggere il diario di Riddle, annientando il suo spirito e salvando Ginny Weasley, che era stata posseduta dal diario.

Il film si conclude con la liberazione di Dobby e il ritorno alla normalità per Hogwarts, ma la minaccia di Voldemort rimane presente. "Harry Potter e la camera dei segreti" esplora temi di coraggio, lealtà e il potere del passato di influenzare il presente, approfondendo ulteriormente il mondo magico e i suoi misteri.

56. Harry Potter e il prigioniero di Azkaban (Harry Potter and the Prisoner of Azkaban) - 2004

"Harry Potter e il prigioniero di Azkaban" è il terzo film della saga di Harry Potter. La storia inizia con Harry che fugge dai suoi zii dopo un incidente con la zia Marge, temendo di essere espulso da Hogwarts per aver usato la magia fuori dalla scuola. Viene rapidamente recuperato dal Nottetempo, un autobus magico per streghe e maghi in difficoltà, che lo porta al Paiolo Magico, dove viene informato che Sirius Black, un noto prigioniero di Azkaban, è fuggito e sembra voler uccidere Harry.

A Hogwarts, Harry viene a sapere di più su Black e il suo presunto tradimento dei suoi genitori a Voldemort. La scuola è sorvegliata dai Dissennatori, creature oscure che succhiano la felicità, incaricate di catturare Black. Harry riceve lezioni private dal nuovo professore di Difesa contro le Arti Oscure, Remus Lupin, per imparare a difendersi dai Dissennatori con un Patronus.

Harry, Ron e Hermione scoprono attraverso la Mappa del Malandrino, una mappa magica della scuola, che Black si nasconde nei dintorni. Durante una serie di avventure, scoprono che Lupin è un lupo mannaro e che Peter Minus, il vero traditore dei genitori di Harry, è ancora vivo e si nasconde sotto forma di Crosta, il topo domestico di Ron.

Il climax del film si svolge nella Stamberga Strillante, dove Sirius e Lupin confrontano Minus. Harry, Ron e Hermione decidono di consegnare Minus alle autorità, ma la luna piena trasforma Lupin e Minus riesce a fuggire. Sirius, che si rivela essere il padrino di Harry e non un traditore, viene catturato dai Dissennatori.

Con l'aiuto di Hermione e il suo Giratempo, un dispositivo magico che permette di viaggiare nel tempo, Harry riesce a salvare Sirius e una creatura magica chiamata Fierobecco, alterando gli eventi della notte. Il film si conclude con Sirius in fuga ma al sicuro, e Harry che torna a Hogwarts con una nuova speranza e determinazione.

"Harry Potter e il prigioniero di Azkaban" esplora temi di perdono, amicizia e il potere del tempo. Il film introduce nuovi elementi magici e personaggi complessi, portando la serie a un livello più maturo e oscuro.

57. Harry Potter e il calice di fuoco (Harry Potter and the Goblet of Fire) - 2005

"Harry Potter e il calice di fuoco" è il quarto film della saga di Harry Potter. La storia inizia con Harry che partecipa alla Coppa del Mondo di Quidditch insieme ai Weasley e Hermione. L'evento è segnato dall'attacco dei Mangiamorte, i seguaci di Voldemort, che seminano il caos.

A Hogwarts, si tiene il Torneo Tremaghi, una competizione magica tra tre scuole: Hogwarts, Beauxbatons e Durmstrang. Il torneo è per maghi maggiorenni, ma il Calice di Fuoco, che sceglie i partecipanti, sorprendentemente seleziona anche Harry, che è troppo giovane per partecipare. Nonostante i suoi tentativi di ritirarsi, Harry è costretto a competere.

Il torneo consiste in tre prove pericolose. La prima prova coinvolge la lotta contro un drago per recuperare un uovo d'oro. Harry riesce a superare la prova con l'aiuto del suo fidato manico di scopa. La seconda prova richiede di salvare un amico dalle profondità del lago di Hogwarts. Con l'aiuto di algabranchia, Harry riesce a salvare Ron e mostra grande coraggio e altruismo.

La terza prova è un labirinto magico pieno di creature e trappole. Harry e Cedric Diggory, un altro concorrente di Hogwarts, raggiungono contemporaneamente la Coppa Tremaghi, che si rivela essere una Passaporta che li trasporta in un cimitero. Qui, Voldemort ritorna in forma fisica con l'aiuto del servo Codaliscia, e uccide Cedric. Harry riesce a fuggire e torna a Hogwarts, portando con sé il corpo di Cedric e avvertendo il mondo magico del ritorno di Voldemort.

Il film termina con il mondo magico in allerta e la comunità divisa tra chi crede e chi non crede al ritorno di Voldemort. "Harry Potter e il calice di fuoco" esplora temi di competizione, coraggio e la crescita di Harry come eroe. Il film introduce un tono più oscuro e complesso, preparando il terreno per i conflitti futuri.

58. Harry Potter e l'Ordine della Fenice (Harry Potter and the Order of the Phoenix) - 2007

"Harry Potter e l'Ordine della Fenice" è il quinto film della saga di Harry Potter. La storia inizia con Harry che viene attaccato dai Dissennatori e si difende con la magia, rischiando l'espulsione da Hogwarts. Grazie all'intervento di Silente e un processo al Ministero della Magia, Harry viene assolto.

A Hogwarts, Harry scopre che il Ministero, guidato da Cornelius Caramell, nega il ritorno di Voldemort e cerca di screditare Harry e Silente. Dolores Umbridge, un'insegnante inviata dal Ministero, impone severe regole e punizioni, rendendo la vita difficile agli studenti.

Harry, Ron e Hermione formano l'Esercito di Silente, un gruppo segreto di studenti che si allena in Difesa contro le Arti Oscure. Nel frattempo, Harry ha visioni del punto di vista di Voldemort, scoprendo piani segreti del nemico. Queste visioni lo portano a credere che Sirius sia in pericolo al Ministero.

Insieme a Hermione, Ron, Ginny, Neville e Luna, Harry si dirige al Ministero della Magia, dove vengono attaccati dai Mangiamorte. Una battaglia feroce si svolge nella Sala delle Profezie, culminando con la morte di Sirius per mano di Bellatrix Lestrange. Silente arriva e duella con Voldemort, ma quest'ultimo riesce a fuggire.

Il film si conclude con il Ministero finalmente riconoscendo il ritorno di Voldemort. "Harry Potter e l'Ordine della Fenice" esplora temi di resistenza, unità e il costo della guerra. La storia diventa più oscura e politica, segnando una svolta significativa nella saga.

59. Harry Potter e il principe mezzosangue (Harry Potter and the Half-Blood Prince) - 2009

"Harry Potter e il principe mezzosangue" è il sesto film della saga di Harry Potter. La storia inizia con Harry che scopre di essere un simbolo per il mondo magico, mentre Voldemort intensifica i suoi attacchi. Silente porta Harry in una missione per convincere Horace Lumacorno, un ex professore di Hogwarts, a tornare a insegnare.

A scuola, Harry trova un libro di pozioni appartenuto al "Principe Mezzosangue", pieno di annotazioni utili. Il libro migliora le sue abilità nelle pozioni, ma il suo vero proprietario rimane un mistero. Nel frattempo, Harry sviluppa sentimenti per Ginny Weasley, e la loro relazione inizia a sbocciare.

Silente rivela a Harry che Voldemort ha diviso la sua anima in Horcrux, oggetti magici che contengono parti della sua anima, rendendolo immortale. Silente e Harry cercano uno di questi Horcrux, trovando un medaglione in una caverna protetta da creature infernali. Il ritorno a Hogwarts è drammatico: Silente viene attaccato e disarmato da Draco Malfoy, ma Snape, rivelato come il Principe Mezzosangue, uccide Silente.

La morte di Silente lascia Hogwarts e il mondo magico in lutto. Harry, Ron e Hermione decidono di abbandonare la scuola per cercare e distruggere gli Horcrux rimanenti. "Harry Potter e il principe mezzosangue" esplora temi di amore, perdita e le complessità del bene e del male. Il film segna una preparazione per la conclusione della saga.

60. Harry Potter e i Doni della Morte: Parte 1 (Harry Potter and the Deathly Hallows: Part 1) - 2010

"Harry Potter e i Doni della Morte: Parte 1" è il penultimo film della saga di Harry Potter. La storia segue Harry, Ron e Hermione mentre lasciano Hogwarts e intraprendono la missione per trovare e distruggere gli Horcrux di Voldemort. La ricerca è pericolosa e mette alla prova la loro amicizia e il loro coraggio.

Il trio si nasconde e si sposta costantemente per evitare i Mangiamorte e il controllo crescente del Ministero della Magia, ora sotto il controllo di Voldemort. Scoprono l'esistenza dei Doni della Morte, tre oggetti magici leggendari che conferiscono grande potere a chi li possiede. Uno di questi è la bacchetta di Sambuco, che Voldemort cerca per diventare invincibile.

La tensione cresce tra Harry, Ron e Hermione, soprattutto quando Ron, influenzato dall'Horcrux, lascia il gruppo. Harry e Hermione continuano la ricerca e sviluppano una comprensione più profonda dei Doni della Morte. Ron ritorna, salvando Harry e distruggendo uno degli Horcrux.

Il film culmina con l'infiltrazione del trio a Gringott, la banca dei maghi, per recuperare un Horcrux. Fuggono a malapena e si rendono conto che la battaglia finale si avvicina. La parte 1 si conclude con Voldemort che recupera la bacchetta di Sambuco dalla tomba di Silente, segnando un punto critico nella lotta contro il male.

"Harry Potter e i Doni della Morte: Parte 1" esplora temi di sacrificio, amicizia e il peso del destino. La narrazione diventa più intensa e oscura, preparando il terreno per la conclusione epica della saga.

61. Harry Potter e i Doni della Morte: Parte 2 (Harry Potter and the Deathly Hallows: Part 2) - 2011

"Harry Potter e i Doni della Morte: Parte 2" è il capitolo conclusivo dell'epica saga di Harry Potter, diretto da David Yates e basato sui romanzi di J.K. Rowling. Il film riprende esattamente dove "Parte 1" si era interrotto, con Voldemort che ha appena recuperato la Bacchetta di Sambuco dalla tomba di Albus Silente. Harry, Hermione e Ron continuano la loro missione di trovare e distruggere gli Horcrux di Voldemort, gli oggetti in cui il Signore Oscuro ha nascosto frammenti della sua anima per garantirsi l'immortalità.

Il trio inizia infiltrandosi nella banca dei maghi Gringott con l'aiuto del folletto Unci-Unci, travestiti con la pozione polisucco. Il loro obiettivo è recuperare un Horcrux nascosto nella camera blindata di Bellatrix Lestrange. Dopo un'azione rocambolesca e un drammatico inseguimento sul dorso di un drago, Harry, Ron e Hermione riescono a fuggire con l'Horcrux.

Il prossimo indizio li porta a Hogwarts, la scuola di magia, dove l'ultimo Horcrux si trova nascosto. Con l'aiuto di Aberforth, il fratello di Albus Silente, il trio riesce a entrare nella scuola, ora sotto il controllo del professor Snape. Una volta all'interno, si uniscono agli studenti e agli insegnanti che stanno organizzando la resistenza contro l'imminente attacco di Voldemort.

Harry scopre che uno degli Horcrux è il diadema di Corvonero, nascosto nella Stanza delle Necessità. Dopo un combattimento serrato, il trio riesce a distruggere l'Horcrux. Nel frattempo, la battaglia di Hogwarts infuria, con momenti drammatici che vedono la morte di diversi personaggi amati, inclusi Fred Weasley, Remus Lupin e Nymphadora Tonks.

In uno dei momenti più intensi del film, Voldemort uccide Severus Snape, credendo erroneamente che così diventerà il vero padrone della Bacchetta di Sambuco. Prima di morire, Snape dà a Harry i suoi ricordi, rivelando verità sconvolgenti: Snape è stato sempre fedele a Silente e ha agito per proteggere Harry a causa del suo amore per Lily Potter, la madre di Harry. Inoltre, Harry scopre di essere lui stesso un Horcrux, creato involontariamente da Voldemort la notte in cui cercò di ucciderlo da bambino.

Con il cuore pesante, Harry si reca volontariamente nella Foresta Proibita per affrontare Voldemort, pronto a sacrificarsi per distruggere l'Horcrux dentro di sé. Voldemort lo colpisce con l'Avada Kedavra, ma Harry non muore. In un'esperienza quasi ultraterrena, incontra lo spirito di Albus Silente che gli spiega che il sacrificio di Harry ha indebolito ulteriormente Voldemort, e che ora Harry ha la possibilità di tornare e completare la sua missione.

Tornato in vita, Harry affronta Voldemort nella battaglia finale a Hogwarts. Con l'aiuto dei suoi amici e alleati, riesce a distruggere l'ultimo Horcrux, Nagini, il serpente di Voldemort. Durante il confronto decisivo, Harry rivela a Voldemort che la Bacchetta di Sambuco non risponderà al Signore Oscuro poiché il suo vero padrone è Harry stesso, avendo disarmato Draco Malfoy che a sua volta aveva disarmato Silente.

Voldemort scaglia un ultimo incantesimo mortale, ma la Bacchetta di Sambuco si volta contro di lui, distruggendolo definitivamente. La vittoria è celebrata, ma non senza dolore per le perdite subite.

Il film si conclude con un epilogo ambientato diciannove anni dopo, dove Harry, ora sposato con Ginny Weasley, accompagna i loro figli alla stazione di King's Cross per il loro primo giorno a Hogwarts. Ron e Hermione, anche loro sposati, sono presenti con i loro figli. Il ciclo si chiude, con una nuova generazione che inizia la propria avventura, portando con sé il lascito di speranza e coraggio lasciato da Harry e i suoi amici.

"Harry Potter e i Doni della Morte: Parte 2" è un finale epico e commovente per una saga che ha catturato l'immaginazione di milioni di lettori e spettatori in tutto il mondo, esplorando temi di amore, sacrificio e la lotta eterna tra il bene e il male.

62. Il mago di Oz (The Wizard of Oz) - 1939

"Il mago di Oz" è un classico del cinema americano, diretto da Victor Fleming e basato sul romanzo "Il meraviglioso mago di Oz" di L. Frank Baum. Il film è noto per il suo uso pionieristico del Technicolor, le canzoni indimenticabili e le performance memorabili, in particolare quella di Judy Garland nel ruolo della giovane protagonista, Dorothy Gale.

La storia inizia in Kansas, dove Dorothy vive con i suoi zii e il suo cane Toto. La vita di Dorothy è semplice e monotona, ma viene improvvisamente sconvolta quando un tornado colpisce la sua fattoria, trasportando lei e Toto in un mondo magico e colorato chiamato Oz. All'arrivo, Dorothy scopre che la sua casa è atterrata sulla Malvagia Strega dell'Est, uccidendola e liberando i Munchkin, piccoli abitanti del villaggio, dalla sua tirannia.

La Glinda, la Strega Buona del Nord, appare e ringrazia Dorothy per aver liberato i Munchkin. Tuttavia, la Malvagia Strega dell'Ovest, sorella della strega uccisa, giura vendetta contro Dorothy. Glinda dona a Dorothy le scarpette d'argento (cambiate in scarpette rosse per il film), che hanno poteri magici. Per tornare a casa, Dorothy deve seguire la strada di mattoni gialli fino alla Città di Smeraldo e chiedere aiuto al potente Mago di Oz.

Lungo il cammino, Dorothy fa amicizia con tre compagni che si uniscono a lei nella speranza che il Mago possa realizzare anche i loro desideri: lo Spaventapasseri, che desidera un cervello; l'Uomo di Latta, che desidera un cuore; e il Leone Codardo, che desidera il coraggio. I quattro affrontano varie avventure e ostacoli, tra cui gli attacchi della Malvagia Strega dell'Ovest.

Quando finalmente raggiungono la Città di Smeraldo, il Mago accetta di aiutare Dorothy e i suoi amici, ma solo se riescono a portargli la scopa della Malvagia Strega dell'Ovest. In una missione pericolosa, Dorothy e i suoi amici affrontano la strega nel suo castello. Alla fine, Dorothy riesce a distruggere la strega gettandole addosso un secchio d'acqua, che la scioglie.

Tornati dal Mago con la scopa, scoprono che il Mago di Oz è in realtà un normale uomo privo di poteri magici, proveniente anche lui dal Kansas, giunto a Oz in una mongolfiera. Nonostante la sua mancanza di poteri, il Mago riesce comunque a realizzare i desideri dei compagni di Dorothy in modi simbolici: uno diploma per lo Spaventapasseri, un orologio a forma di cuore per l'Uomo di Latta e una medaglia per il Leone Codardo.

Per aiutare Dorothy a tornare a casa, il Mago decide di portarla con sé nella sua mongolfiera. Tuttavia, Toto scappa e, mentre Dorothy lo insegue, la mongolfiera decolla senza di lei. Glinda ritorna e spiega a Dorothy che ha sempre avuto il potere di tornare a casa grazie alle sue scarpette rosse; doveva solo scoprirlo da sola. Con il consiglio di Glinda, Dorothy batte i tacchi delle scarpe tre volte e ripete "Nessun posto è come casa".

Dorothy si sveglia nel suo letto in Kansas, circondata dalla sua famiglia e dagli amici che ha incontrato nel mondo di Oz, ora solo personaggi del suo sogno. Il film si conclude con Dorothy che abbraccia la sua famiglia, felice di essere tornata a casa.

"Il mago di Oz" è un film che ha affascinato generazioni di spettatori, grazie ai suoi temi universali di coraggio, amicizia e la ricerca di un luogo da chiamare casa. La sua eredità culturale è immensa, con citazioni e riferimenti presenti ancora oggi nella cultura popolare.

63. Il labirinto del fauno (Pan's Labyrinth) - 2006

"Il labirinto del fauno" è un film dark fantasy diretto da Guillermo del Toro, ambientato nella Spagna del 1944, durante il regime franchista. Il film intreccia realtà storica e fantasia, esplorando temi di innocenza, brutalità e resistenza attraverso la storia di una giovane ragazza, Ofelia.

Ofelia, una bambina di dieci anni, si trasferisce con la madre incinta, Carmen, nella campagna spagnola per vivere con il nuovo patrigno, il capitano Vidal, un ufficiale fascista incaricato di sradicare i guerriglieri repubblicani nascosti nelle montagne. Vidal è un uomo crudele e autoritario, ossessionato dall'eredità e dal controllo, e tratta Ofelia con disprezzo.

Una notte, Ofelia scopre un antico labirinto vicino alla casa e incontra una creatura magica, un fauno. Il fauno le rivela che lei è la reincarnazione di una principessa di un regno sotterraneo e che deve completare tre prove per dimostrare la sua identità reale e tornare nel suo regno. Ogni prova è pericolosa e richiede a Ofelia di mostrare coraggio, intelligenza e determinazione.

La prima prova consiste nel recuperare una chiave dal ventre di un gigantesco rospo che vive sotto un albero antico. Nonostante le difficoltà, Ofelia riesce a completare la missione. La seconda prova la porta a un banchetto sotterraneo sorvegliato dal terrificante Uomo Pallido, una creatura mostruosa con gli occhi sulle palme delle mani. Ofelia deve prendere un pugnale magico senza svegliare il mostro. Sebbene riesca a prendere il pugnale, è quasi catturata dall'Uomo Pallido quando, disobbedendo alle istruzioni del fauno, mangia dell'uva dal banchetto.

Nel frattempo, la situazione nel mondo reale si deteriora. Vidal intensifica la sua repressione contro i guerriglieri, e Mercedes, una domestica della casa e segretamente una simpatizzante repubblicana, organizza una resistenza dall'interno. La salute di Carmen peggiora a causa delle complicazioni della gravidanza, e Ofelia è sempre più disperata per la situazione della madre.

La terza e ultima prova richiede a Ofelia di portare il fratellino appena nato nel labirinto per completare un sacrificio. Il fauno le dice che deve usare il sangue innocente del bambino per aprire il portale al regno sotterraneo. Ofelia rifiuta di obbedire, scegliendo di proteggere il fratellino. Questo atto di disobbedienza la distingue come una vera eroina, pronta a sacrificarsi per gli altri.

Nella conclusione drammatica, Vidal scopre Ofelia nel labirinto e, senza esitazione, le spara. Tuttavia, prima di morire, Ofelia riesce a consegnare il fratellino a Mercedes, salvandolo dalle grinfie di Vidal. Il capitano, catturato dai ribelli, viene giustiziato da Mercedes.

Il film termina con Ofelia che, nel momento della sua morte, viene accolta nel regno sotterraneo dai suoi veri genitori, il re e la regina, come la principessa Moanna. La sua morte nel mondo reale diventa un trionfo nel mondo magico, suggellando il tema del sacrificio e della redenzione.

"Il labirinto del fauno" è un film visivamente straordinario e profondamente toccante, che utilizza elementi di fiaba per esplorare le orribili realtà della guerra e la resilienza dell'innocenza. La narrazione complessa e le immagini suggestive hanno reso il film un'opera memorabile nel panorama cinematografico.

64. La storia fantastica (The Princess Bride) - 1987

"La storia fantastica" è un film cult diretto da Rob Reiner, basato sul romanzo omonimo di William Goldman. La pellicola è una favola romantica che mescola avventura, commedia e fantasy, raccontata attraverso la lettura di un libro a un bambino malato da suo nonno.

La storia inizia nel piccolo villaggio di Florin, dove la giovane e bellissima Buttercup vive felicemente nella sua fattoria. Lei si innamora del suo garzone, Westley, ma quando lui parte per cercare fortuna e viene presumibilmente ucciso dal famigerato pirata Roberts, Buttercup è distrutta. Cinque anni dopo, Buttercup è costretta a sposare il principe Humperdinck, un uomo malvagio e manipolatore.

Prima del matrimonio, Buttercup viene rapita da tre uomini: Vizzini, un siciliano astuto e arrogante; Fezzik, un gigante dolce e forte; e Inigo Montoya, uno spadaccino spagnolo in cerca di vendetta per la morte del padre, ucciso da un uomo con sei dita. I tre intendono incitare una guerra tra Florin e il vicino regno di Guilder, ma vengono inseguiti da un misterioso uomo mascherato.

L'uomo mascherato, che si rivela essere Westley, ancora vivo e ora il nuovo pirata Roberts, sconfigge i rapitori in una serie di duelli ingegnosi. Inigo, impressionato dall'abilità di Westley, si allea con lui nella sua ricerca di vendetta contro l'uomo con sei dita, il conte Rugen, braccio destro di Humperdinck.

Westley e Buttercup fuggono attraverso la Palude di Fuoco, superando fiamme esplosive e creature mostruose, ma vengono catturati da Humperdinck e Rugen. Westley viene torturato a morte nella Fossa della Disperazione, ma Inigo e Fezzik riescono a salvarlo con l'aiuto di Miracle Max, un vecchio stregone che resuscita Westley in cambio di un cioccolatino.

La storia culmina con l'assalto al castello di Humperdinck, dove Westley, ancora debilitato, affronta il principe mentre Inigo duella finalmente con Rugen, vendicando la morte del padre. Con un'abile mossa, Westley inganna Humperdinck, costringendolo alla resa senza spargimenti di sangue.

Il film si chiude con Westley e Buttercup che si riuniscono, promettendosi amore eterno mentre fuggono insieme con Inigo e Fezzik. Il nonno chiude il libro, promettendo al nipote che la loro storia può essere riletta ogni volta che lo desidera.

"La storia fantastica" è una celebrazione dell'amore vero e della fantasia, piena di momenti memorabili, battute iconiche e personaggi indimenticabili. La narrazione incorniciata dalla lettura del nonno crea un senso di nostalgia e calore, rendendo il film un classico amato da generazioni.

65. La città incantata (Spirited Away) - 2001

"La città incantata" è un film d'animazione giapponese diretto da Hayao Miyazaki e prodotto dallo Studio Ghibli. La pellicola è un viaggio onirico che esplora il mondo magico e misterioso attraverso gli occhi di una giovane ragazza, Chihiro Ogino.

La storia inizia con Chihiro, una bambina di dieci anni, che si sta trasferendo con i suoi genitori in una nuova casa. Durante il viaggio, la famiglia si perde e si imbatte in un tunnel che conduce a un mondo parallelo, apparentemente deserto. I genitori di Chihiro trovano un ristorante abbandonato pieno di cibo e iniziano a mangiare senza ritegno, trasformandosi in maiali come punizione per la loro avidità.

Sola e spaventata, Chihiro scopre che si trova in un mondo di spiriti e dei, governato dalla strega Yubaba, che gestisce un grande bagno pubblico per spiriti. Con l'aiuto di Haku, un giovane ragazzo che può trasformarsi in un drago, Chihiro cerca di trovare un modo per salvare i suoi genitori e tornare al mondo umano.

Yubaba concede a Chihiro un lavoro nel bagno, ma le ruba il nome, chiamandola Sen. Questo fa parte del suo piano per controllare le persone, poiché chi dimentica il proprio nome non può mai lasciare il mondo degli spiriti. Chihiro deve lavorare duramente e fare affidamento sulla sua intelligenza e gentilezza per sopravvivere e ricordare il suo vero nome.

Durante la sua permanenza, Chihiro incontra una serie di personaggi memorabili: Lin, una lavoratrice del bagno che diventa sua amica; Kamaji, lo spirito delle caldaie con molte braccia; e il Senza-Volto, uno spirito che sviluppa un'ossessione per Chihiro e causa il caos nel bagno.

Chihiro scopre che Haku è stato maledetto da Yubaba e cerca di liberarlo. Durante la loro avventura, Chihiro recupera un sigillo magico rubato da Haku e scopre che il suo vero nome è Kohaku, un fiume che l'aveva salvata da bambina. Con questa conoscenza, riesce a spezzare l'incantesimo di Yubaba e liberare Haku.

Alla fine, Chihiro riesce a superare l'ultima prova di Yubaba, riconoscendo che nessuno dei maiali davanti a lei sono i suoi genitori, dimostrando così il suo coraggio e la sua determinazione. Yubaba è costretta a liberare Chihiro e i suoi genitori, che ritornano alla forma umana.

Il film si conclude con Chihiro e i suoi genitori che tornano al mondo umano, senza ricordi del loro tempo trascorso nel mondo degli spiriti. Tuttavia, Chihiro emerge dalla sua esperienza più forte e più sicura di sé.

"La città incantata" è una straordinaria esplorazione dell'identità, del coraggio e della crescita personale. Con la sua animazione mozzafiato e la narrazione ricca di simbolismo, il film è diventato un capolavoro amato a livello mondiale e un testamento dell'immaginazione senza confini di Hayao Miyazaki.

66. Le cronache di Narnia: Il leone, la strega e l'armadio (The Chronicles of Narnia: The Lion, the Witch and the Wardrobe) - 2005

"Le cronache di Narnia: Il leone, la strega e l'armadio" è un film diretto da Andrew Adamson, basato sull'omonimo romanzo di C.S. Lewis. Il film è una fantastica avventura che racconta la storia di quattro fratelli che scoprono un magico mondo nascosto all'interno di un armadio.

Ambientato durante la Seconda Guerra Mondiale, il film inizia con i fratelli Pevensie: Peter, Susan, Edmund e Lucy, evacuati da Londra e inviati a vivere nella casa di campagna di un anziano professore. Durante un gioco di nascondino, la più giovane, Lucy, trova un grande armadio in una stanza vuota e, nascondendosi dentro, si ritrova magicamente trasportata in un mondo innevato chiamato Narnia.

In Narnia, Lucy incontra un fauno di nome Tumnus che le racconta che il regno è sotto l'incantesimo della malvagia Strega Bianca, Jadis, che ha condannato Narnia a un inverno senza fine. Dopo un incontro piacevole ma breve, Lucy ritorna nel mondo reale e cerca di raccontare ai suoi fratelli di Narnia, ma nessuno le crede.

Successivamente, Edmund segue Lucy nell'armadio e arriva anche lui a Narnia, dove incontra la Strega Bianca. Jadis lo seduce con promesse di potere e delizie, esigendo che porti anche i suoi fratelli a Narnia. Quando Edmund ritorna, nega l'esistenza di Narnia, facendo sembrare Lucy una bugiarda. Tuttavia, tutti e quattro i fratelli entrano infine nell'armadio e scoprono che Lucy aveva ragione.

I fratelli incontrano nuovamente Tumnus, ma scoprono che è stato catturato dalla Strega Bianca per aver aiutato Lucy. Cercando rifugio, incontrano una coppia di castori che li conducono alla resistenza contro la Strega Bianca. I castori spiegano che secondo un'antica profezia, il ritorno degli umani segnala la fine del regno della Strega Bianca. Inoltre, parlano di Aslan, il grande leone e vero re di Narnia, che è destinato a tornare.

Edmund, sedotto dalle promesse di Jadis, tradisce i suoi fratelli e si unisce alla Strega Bianca. Nel frattempo, Peter, Susan e Lucy si uniscono alle forze di Aslan, che li accoglie nel suo accampamento. Aslan pianifica un grande attacco per liberare Narnia, mentre la Strega Bianca prepara le sue truppe per la battaglia.

Con l'aiuto di Aslan, Edmund viene salvato, ma la Strega Bianca invoca l'antico diritto che le permette di reclamare la vita di ogni traditore. Aslan offre la sua vita in cambio di quella di Edmund e viene giustiziato sulla Tavola di Pietra dalla Strega Bianca. Tuttavia, la mattina seguente, Aslan ritorna in vita, spiegando che la magia più antica della Tavola di Pietra prevede che un innocente che si sacrifica per un traditore possa risorgere.

Aslan guida le forze di Narnia in una battaglia epica contro l'esercito della Strega Bianca. Durante la battaglia, Aslan uccide Jadis, ponendo fine al suo regno di terrore. La vittoria permette a Narnia di essere liberata dall'incantesimo dell'inverno perpetuo, e la primavera torna finalmente nel regno.

I fratelli Pevensie vengono incoronati re e regine di Narnia, regnando con saggezza e giustizia. Dopo molti anni, durante una caccia al cervo bianco, tornano accidentalmente al mondo reale, dove scoprono di non essere invecchiati affatto e che il tempo a Narnia scorre diversamente.

"Le cronache di Narnia: Il leone, la strega e l'armadio" esplora temi di coraggio, redenzione e il potere del sacrificio. Il film combina elementi di mitologia, fantasia e avventura, creando un mondo ricco di magia e meraviglia che ha incantato il pubblico di tutte le età.

67. Lo Hobbit: Un viaggio inaspettato (The Hobbit: An Unexpected Journey) - 2012

"Lo Hobbit: Un viaggio inaspettato" è il primo film della trilogia diretta da Peter Jackson, basata sul romanzo "Lo Hobbit" di J.R.R. Tolkien. Il film è ambientato nella Terra di Mezzo, lo stesso mondo fantastico della trilogia de "Il Signore degli Anelli".

La storia inizia con Bilbo Baggins, un tranquillo hobbit che vive nella Contea, un angolo idilliaco della Terra di Mezzo. Bilbo viene inaspettatamente visitato dal mago Gandalf il Grigio, che lo invita a unirsi a una compagnia di tredici nani guidati da Thorin Scudodiquercia. I nani intendono riconquistare il loro regno, Erebor, e il suo tesoro, che sono stati usurpati dal drago Smaug.

All'inizio, Bilbo è riluttante a lasciare la sicurezza della sua casa, ma alla fine accetta l'offerta e si unisce alla compagnia. Durante il viaggio, Bilbo e i nani affrontano molteplici pericoli, tra cui troll, orchi e goblin. Uno degli incontri più significativi è con tre troll che cercano di cucinare e mangiare Bilbo e i nani. Grazie all'ingegno di Bilbo e l'intervento di Gandalf, i troll vengono sconfitti e pietrificati dalla luce del sole.

Continuando il loro viaggio, il gruppo attraversa le Montagne Nebbiose, dove vengono catturati dai goblin e portati nelle loro caverne. In una scena di grande tensione, Bilbo riesce a scappare e, nel processo, si imbatte in una creatura enigmatica di nome Gollum. Bilbo trova per caso un anello magico che Gollum ha perso e che ha il potere di renderlo invisibile. Grazie a questo anello, Bilbo riesce a sfuggire a Gollum e ai goblin.

Dopo essersi riuniti ai nani, Bilbo inizia a guadagnare la fiducia e il rispetto dei suoi compagni grazie al suo coraggio e alla sua astuzia. La compagnia continua verso la casa di Beorn, un mutapelle che può trasformarsi in un gigantesco orso. Beorn fornisce loro aiuto e rifugio prima che riprendano il loro viaggio attraverso la pericolosa foresta di Bosco Atro.

Nel Bosco Atro, il gruppo viene attaccato da enormi ragni, ma Bilbo, utilizzando l'anello e la sua spada chiamata Pungolo, riesce a salvare i nani. Successivamente, vengono catturati dagli elfi del Bosco Atro, guidati dal re Thranduil, ma riescono a fuggire nascondendosi in barili di vino vuoti e fluttuando lungo il fiume fino a Esgaroth, la Città del Lago.

Il film culmina con la compagnia che finalmente raggiunge la Montagna Solitaria e l'ingresso nascosto al regno di Erebor. Bilbo viene inviato in avanscoperta per rubare un gioiello specifico, l'Arkenstone, dal tesoro custodito da Smaug. Bilbo riesce a intrufolarsi nel covo del drago e ha un incontro teso con Smaug, riuscendo a sottrarre una coppa d'oro prima di fuggire.

"Lo Hobbit: Un viaggio inaspettato" esplora temi di avventura, crescita personale e l'importanza del coraggio e dell'amicizia. Il film è caratterizzato da spettacolari effetti speciali e scenografie mozzafiato, che riportano in vita il mondo vibrante e complesso di Tolkien, continuando l'eredità della precedente trilogia de "Il Signore degli Anelli".

68. Lo Hobbit: La desolazione di Smaug (The Hobbit: The Desolation of Smaug) - 2013

"Lo Hobbit: La desolazione di Smaug" è il secondo film della trilogia diretta da Peter Jackson, che continua l'avventura di Bilbo Baggins, i tredici nani e Gandalf il Grigio nel loro viaggio per reclamare il regno perduto di Erebor dal drago Smaug.

Il film inizia con la compagnia ancora in fuga dagli orchi guidati da Azog il Profanatore. Dopo essere stati salvati da Beorn, il mutapelle, il gruppo si dirige verso la pericolosa foresta di Bosco Atro. Gandalf si separa dalla compagnia per indagare su una forza oscura che si sta risvegliando a Dol Guldur.

Nel Bosco Atro, Bilbo e i nani affrontano numerosi pericoli, tra cui un attacco di giganteschi ragni. Bilbo utilizza l'anello magico per salvare i suoi amici, dimostrando ancora una volta il suo coraggio. Tuttavia, poco dopo vengono catturati dagli elfi del Bosco Atro e imprigionati nel regno del re Thranduil.

Grazie all'astuzia di Bilbo e alla sua abilità di diventare invisibile, i nani riescono a fuggire dal palazzo degli elfi nascondendosi in barili vuoti e fluttuando lungo il fiume fino alla Città del Lago, Esgaroth. Qui, incontrano Bard l'Arciere, un uomo che li aiuta a entrare nella città, nascondendoli dalle guardie. Bard è discendente del signore della città di Dale e ha un legame personale con la leggenda di Smaug.

A Esgaroth, Thorin promette ai cittadini una parte del tesoro di Erebor in cambio del loro aiuto. Dopo aver rifornito le loro provviste, la compagnia si dirige verso la Montagna Solitaria. Bilbo, utilizzando l'ingresso segreto, entra nel covo del drago Smaug e riesce a rubare l'Arkenstone, un gioiello sacro per i nani e simbolo del diritto di Thorin al trono.

La situazione precipita quando Smaug si sveglia e scopre l'intrusione di Bilbo. In un epico confronto, Bilbo e i nani cercano di intrappolare e uccidere Smaug all'interno della montagna, ma il drago riesce a fuggire e decide di vendicarsi attaccando Esgaroth. La scena finale del film mostra Smaug che vola verso la città, promettendo morte e distruzione.

Nel frattempo, Gandalf scopre la verità sulla forza oscura a Dol Guldur. Si tratta di Sauron, l'antico nemico che sta lentamente recuperando il suo potere. Gandalf viene catturato e imprigionato, ma non prima di aver compreso l'entità della minaccia che incombe sulla Terra di Mezzo.

"Lo Hobbit: La desolazione di Smaug" è un film avvincente che combina azione, avventura e momenti di grande tensione. Il personaggio di Bilbo continua a crescere, dimostrando una volta di più il suo coraggio e la sua astuzia. Il film esplora temi di avidità, potere e le conseguenze delle scelte, mentre la compagnia si avvicina sempre di più al loro obiettivo finale. Gli effetti speciali e le scenografie continuano a essere di altissimo livello, portando il pubblico in un viaggio visivamente spettacolare nel mondo di Tolkien.

69. Lo Hobbit: La battaglia delle cinque armate (The Hobbit: The Battle of the Five Armies) - 2014

"Lo Hobbit: La battaglia delle cinque armate" è il terzo e conclusivo film della trilogia diretta da Peter Jackson, basata sul romanzo "Lo Hobbit" di J.R.R. Tolkien. Il film inizia immediatamente dopo gli eventi del film precedente, con il drago Smaug che attacca la Città del Lago.

Bard l'Arciere, con grande coraggio e abilità, riesce a uccidere Smaug utilizzando una freccia nera. La morte del drago lascia Erebor e il suo immenso tesoro senza custode, attirando l'attenzione di diverse fazioni. Thorin Scudodiquercia, ora insediato come re sotto la Montagna, è consumato dalla "malattia del drago", una forma di avidità e ossessione per il tesoro. Rifiuta di condividere la ricchezza con gli abitanti di Esgaroth, nonostante la promessa fatta.

La notizia della morte di Smaug si diffonde rapidamente, e diverse forze si radunano per reclamare una parte del tesoro. Gli elfi del Bosco Atro, guidati da Thranduil, e gli uomini di Esgaroth, guidati da Bard, si avvicinano a Erebor per chiedere una parte delle ricchezze. Allo stesso tempo, un esercito di orchi guidati da Azog il Profanatore marcia verso la Montagna Solitaria con l'intento di prendere il controllo del territorio strategico.

Bilbo, preoccupato per la crescente paranoia di Thorin, cerca di far ragionare il re nano, ma senza successo. In un atto di disperazione, Bilbo prende l'Arkenstone e la consegna segretamente a Bard e Thranduil, sperando che questo gesto possa portare a una soluzione pacifica. Tuttavia, Thorin vede questo come un tradimento e si prepara alla guerra.

La battaglia imminente coinvolge cinque eserciti: nani, elfi, uomini, orchi e i Warg, creature simili a lupi giganti. Anche le aquile giganti e Beorn, il mutapelle, partecipano al conflitto, aggiungendo un ulteriore livello di complessità alla battaglia. La lotta per Erebor è feroce e caotica, con grandi perdite su entrambi i lati.

Durante la battaglia, Thorin riesce a liberarsi della "malattia del drago" e decide di affrontare Azog. In un duello mortale, Thorin uccide Azog ma viene ferito mortalmente nel processo. Con il leader degli orchi morto, le forze del male si disperdono, e la vittoria va agli alleati di Erebor.

Thorin, in punto di morte, si riconcilia con Bilbo, riconoscendo il suo coraggio e le sue buone intenzioni. Bilbo, profondamente addolorato, assiste ai funerali di Thorin, Kili e Fili, anch'essi caduti in battaglia.

Il film si conclude con Bilbo che decide di tornare alla Contea. Saluta i nani rimasti e fa ritorno a casa, portando con sé solo poche gemme come ricordo della sua avventura. Viene accolto nella Contea da una vista familiare, ma scopre che i suoi beni sono stati messi all'asta poiché era stato dichiarato morto. Bilbo riesce a recuperare la sua casa e riprende la sua vita tranquilla, riflettendo su quanto l'avventura lo abbia cambiato.

"Lo Hobbit: La battaglia delle cinque armate" esplora temi di redenzione, sacrificio e le conseguenze della brama di potere. Concludendo la saga con un epico conflitto, il film offre un finale emotivo e avvincente, che chiude il cerchio delle avventure di Bilbo Baggins nella Terra di Mezzo. Gli effetti visivi spettacolari e le intense sequenze di battaglia mantengono alto il livello della trilogia, rendendo giustizia al mondo creato da Tolkien.

70. Willow (Willow) - 1988

"Willow" è un film fantasy del 1988 diretto da Ron Howard e prodotto da George Lucas. La storia segue le avventure di Willow Ufgood, un contadino e aspirante mago, che viene coinvolto in una missione per proteggere una bambina destinata a sconfiggere una malvagia regina.

La storia inizia con la nascita di Elora Danan, una bambina profetizzata come la distruttrice della regina malvagia Bavmorda. Per evitare che la profezia si avveri, Bavmorda ordina la cattura e l'uccisione di tutti i neonati del regno. Tuttavia, Elora viene salvata e nascosta in una cesta che viene trasportata lungo un fiume, arrivando infine al villaggio di Nelwyn, dove viene trovata dai figli di Willow.

Willow è un semplice contadino e aspirante mago che vive una vita tranquilla nel villaggio di Nelwyn. Quando trova Elora, il consiglio del villaggio decide che la bambina deve essere riportata agli esseri umani (Daikini) per essere protetta. Willow viene scelto per guidare la missione, accompagnato da alcuni compagni di villaggio.

Durante il viaggio, Willow e i suoi amici incontrano Madmartigan, un guerriero Daikini imprigionato, che accetta di aiutare Willow in cambio della sua libertà. Insieme, affrontano numerose sfide, tra cui l'incontro con il malvagio generale Kael, al servizio di Bavmorda, e un esercito di troll.

Willow e Madmartigan trovano alleati in Sorsha, la figlia di Bavmorda, che inizialmente è loro nemica ma che si innamora di Madmartigan e decide di unirsi alla loro causa. Inoltre, si alleano con Fin Raziel, una potente maga trasformata in un animale da Bavmorda, che aiuta Willow a migliorare le sue abilità magiche.

Il gruppo si dirige verso il castello di Bavmorda per affrontarla e proteggere Elora. Durante la battaglia finale, Willow utilizza la sua astuzia e la magia per ingannare Bavmorda, facendola credere che ha fatto scomparire Elora. Questo le dà il tempo di distrarre la regina e permettere a Fin Raziel e Madmartigan di attaccare. Alla fine, Bavmorda viene sconfitta e il regno viene liberato dal suo malvagio dominio.

Willow ritorna al suo villaggio, accolto come un eroe, con una nuova fiducia nelle sue abilità magiche. Elora viene affidata a una famiglia reale, e la pace ritorna nel regno.

"Willow" esplora temi di coraggio, amicizia e il potere della magia. Il film è noto per i suoi effetti speciali innovativi per l'epoca e per le performance memorabili di Warwick Davis nel ruolo di Willow e Val Kilmer come Madmartigan. La pellicola è diventata un classico cult, celebrato per la sua narrazione avvincente e l'universo fantasy riccamente dettagliato creato da George Lucas.

71. Stardust (2007)

"Stardust" è un film di fantasia del 2007 diretto da Matthew Vaughn e basato sul romanzo omonimo di Neil Gaiman. La storia si svolge in un piccolo villaggio inglese chiamato Wall, così chiamato per via del muro di pietra che lo separa da un regno magico noto come Stormhold. Il protagonista è Tristan Thorn, un giovane uomo interpretato da Charlie Cox, che è innamorato della bella e superficiale Victoria Forester (Sienna Miller). Quando Tristan promette di recuperare una stella cadente per dimostrare il suo amore a Victoria, si imbarca in un'avventura epica che lo porta attraverso il muro e nel regno incantato di Stormhold.

Nel regno di Stormhold, la stella caduta si rivela essere una giovane donna di nome Yvaine (Claire Danes). Tristan e Yvaine si trovano presto inseguiti da vari nemici: i figli del re di Stormhold (Peter O'Toole), che cercano un rubino che Yvaine porta con sé, e la strega Lamia (Michelle Pfeiffer), che vuole il cuore di Yvaine per ottenere l'eterna giovinezza. Durante il loro viaggio, Tristan e Yvaine affrontano numerosi pericoli e incontrano personaggi unici, tra cui un capitano pirata chiamato Shakespeare (Robert De Niro) e un commerciante misterioso di nome Ferdy the Fence (Ricky Gervais).

Il viaggio di Tristan e Yvaine è caratterizzato da crescita personale, scoperta di sé e sviluppo di un amore genuino e profondo. Attraverso le loro avventure, Tristan si trasforma da un giovane insicuro e ingenuo in un uomo coraggioso e nobile, mentre Yvaine scopre l'importanza dell'amore umano e del sacrificio. Il film esplora temi come l'amore vero, il destino, la magia e la lotta tra il bene e il male, il tutto avvolto in un'atmosfera fantastica e visivamente mozzafiato.

"Stardust" si distingue per il suo cast stellare, la regia abile di Matthew Vaughn e la sceneggiatura avvincente che combina elementi di avventura, romanticismo e umorismo. La chimica tra Charlie Cox e Claire Danes è palpabile e contribuisce a rendere credibile e coinvolgente la storia d'amore centrale. Michelle Pfeiffer offre una performance memorabile come la malvagia strega Lamia, mentre Robert De Niro diverte il pubblico con il suo ruolo insolito di un pirata travestito.

Il film ha ricevuto recensioni positive per la sua narrazione avvincente, gli effetti visivi straordinari e l'abilità nel portare sullo schermo l'immaginazione vivida del romanzo di Neil Gaiman. "Stardust" è un viaggio magico che cattura l'essenza della fantasia e dell'avventura, offrendo allo stesso tempo una riflessione toccante sull'amore e il sacrificio.

72. La storia infinita (The NeverEnding Story) - 1984

"La storia infinita" è un film di fantasia del 1984 diretto da Wolfgang Petersen e basato sul romanzo omonimo di Michael Ende. La storia ruota attorno a un giovane ragazzo di nome Bastian Balthazar Bux (Barret Oliver), che scopre un misterioso libro in una libreria antica. Il libro racconta le avventure nel regno fantastico di Fantàsia, minacciato da una forza oscura conosciuta come il Nulla.

Bastian si immerge nella lettura del libro e si identifica con il giovane guerriero Atreyu (Noah Hathaway), incaricato di salvare Fantàsia e la sua imperatrice malata (Tami Stronach). Atreyu affronta numerose prove e incontrerà alleati indimenticabili, come il fortunadrago Falkor e il vecchio Morla la tartaruga. Man mano che la storia si sviluppa, Bastian si rende conto che il destino di Fantàsia dipende anche da lui e dalla sua immaginazione.

Il film esplora temi profondi come la fantasia, il coraggio, la speranza e il potere dei sogni. La storia di Bastian e Atreyu è una metafora del viaggio di ogni individuo verso la scoperta di sé e l'importanza di credere nel proprio potenziale. Le sfide che Atreyu affronta simboleggiano le lotte interiori che ogni persona deve superare per crescere e trovare la propria strada.

"La storia infinita" è nota per i suoi effetti speciali rivoluzionari e le sue creature fantastiche, che hanno affascinato il pubblico di tutte le età. Il film riesce a creare un mondo immaginario ricco e dettagliato, che invita lo spettatore a sognare e a esplorare nuovi orizzonti. La colonna sonora, in particolare la canzone principale "The NeverEnding Story" di Limahl, è diventata un classico e contribuisce a rendere il film un'esperienza emotivamente coinvolgente.

Il messaggio centrale del film è che la fantasia e l'immaginazione sono strumenti potenti che possono aiutare a superare le difficoltà e a trovare la bellezza e il significato nella vita quotidiana. "La storia infinita" continua a essere un film amato e apprezzato per la sua capacità di ispirare e trasportare il pubblico in un mondo di meraviglia e avventura senza fine.

73. Big Fish - Le storie di una vita incredibile (Big Fish) - 2003

"Big Fish" è un film del 2003 diretto da Tim Burton, basato sul romanzo omonimo di Daniel Wallace. La storia segue William Bloom (Billy Crudup), un giovane uomo che cerca di riconciliarsi con il suo padre morente, Edward Bloom (Albert Finney). Edward è noto per raccontare storie incredibili e fantastiche sulla sua vita, storie che William ha sempre considerato esagerazioni o bugie.

Mentre Edward è sul letto di morte, William tenta di separare la realtà dalla finzione nelle storie di suo padre. Attraverso una serie di flashback, vediamo il giovane Edward (Ewan McGregor) intraprendere avventure straordinarie, incontrando personaggi eccentrici come una strega con un occhio di vetro, un gigante amichevole e una sirena. Ogni storia raccontata da Edward è ricca di simbolismo e fantasia, rappresentando metafore delle sue esperienze di vita.

Il film esplora temi universali come la relazione tra padre e figlio, la natura della narrazione e il modo in cui le storie possono plasmare la nostra percezione del mondo. La regia di Tim Burton aggiunge un tocco di magia e surrealtà, creando un mondo visivamente affascinante che riflette l'immaginazione vivida di Edward Bloom.

"Big Fish" è un viaggio emotivo che combina umorismo, dramma e fantasia. Le performance degli attori sono eccezionali, con Ewan McGregor che offre una rappresentazione affascinante e carismatica del giovane Edward, e Albert Finney che porta profondità e umanità al ruolo del padre anziano. Jessica Lange e Marion Cotillard aggiungono ulteriori strati emotivi ai loro ruoli come moglie e nuora di Edward.

Il film è anche un tributo alla potenza delle storie e alla loro capacità di connettere le persone e dare un senso alle esperienze della vita. "Big Fish" invita gli spettatori a vedere oltre la superficie delle cose e a riconoscere la bellezza e il significato nascosto nelle storie che raccontiamo e che ci vengono raccontate.

74. Labyrinth - Dove tutto è possibile (Labyrinth) - 1986

"Labyrinth" è un film fantasy del 1986 diretto da Jim Henson, con un giovane David Bowie e Jennifer Connelly nei ruoli principali. La storia segue Sarah Williams (Jennifer Connelly), una ragazza adolescente che, stanca di dover badare al suo fratellino Toby, desidera che i goblin del suo libro di fiabe preferito lo portino via. Inaspettatamente, il suo desiderio si avvera e Toby viene rapito dal re dei goblin, Jareth (David Bowie).

Per salvare suo fratello, Sarah deve attraversare un labirinto magico e ingannevole entro tredici ore, altrimenti Toby diventerà un goblin per sempre. Durante il suo viaggio, Sarah incontra una serie di creature bizzarre e alleati, tra cui il nano burbero Hoggle, il gentile mostro peloso Ludo e il coraggioso cavaliere Didymus e il suo destriero Ambrosius.

Il film esplora temi di crescita personale, responsabilità e il potere dell'immaginazione. Sarah deve superare numerose sfide e inganni posti da Jareth e dai suoi seguaci, imparando a credere in se stessa e a vedere oltre le apparenze. La sua avventura nel labirinto è una metafora del viaggio dall'infanzia all'età adulta, in cui deve confrontarsi con le proprie paure e insicurezze.

"Labyrinth" è celebre per i suoi effetti speciali pionieristici e le creature animatroniche create dal team di Jim Henson. La colonna sonora, composta e interpretata da David Bowie, aggiunge un ulteriore strato di magia e fascino al film. Le canzoni di Bowie, come "Magic Dance" e "As the World Falls Down," sono diventate iconiche e contribuiscono a creare l'atmosfera unica del film.

Il film è un'esperienza visivamente straordinaria, con scenografie elaborate e fantasiose che trasportano gli spettatori in un mondo di meraviglia e incanto. "Labyrinth" è diventato un cult classico, amato per la sua capacità di combinare avventura, musica e lezioni di vita in una storia avvincente e coinvolgente.

75. Dark Crystal (The Dark Crystal) - 1982

"Dark Crystal" è un film fantasy epico del 1982 diretto da Jim Henson e Frank Oz. Il film è ambientato su un pianeta lontano in un'epoca mitica, dove due razze opposte, i pacifici Gelfling e i crudeli Skeksis, vivono in un mondo dominato dal potente Cristallo Oscuro. Questo cristallo, che un tempo ha portato equilibrio e armonia, è stato danneggiato e la sua energia è stata corrotta, portando disordini e malvagità.

La storia segue il giovane Gelfling di nome Jen, l'ultimo della sua specie, allevato dai pacifici Mistici dopo che i suoi genitori sono stati uccisi dagli Skeksis. Quando il maestro di Jen, morente, rivela al giovane la sua missione, Jen scopre di dover trovare un frammento mancante del Cristallo Oscuro e riportarlo al suo posto per ristabilire l'equilibrio e sconfiggere gli Skeksis.

Jen si imbarca in un'avventura pericolosa e straordinaria, durante la quale incontra numerosi personaggi e creature magiche. Uno degli incontri più significativi è quello con Kira, un'altra Gelfling sopravvissuta. Insieme, Jen e Kira devono affrontare le insidie poste dagli Skeksis, che faranno di tutto per fermarli e mantenere il loro potere.

Il mondo di "Dark Crystal" è ricco di creature fantastiche e paesaggi mozzafiato, creati con effetti speciali innovativi per l'epoca e la magistrale manipolazione delle marionette, tipica del lavoro di Jim Henson. Ogni creatura, dagli affascinanti Podlings agli inquietanti Garthim, è meticolosamente progettata per creare un'esperienza visiva unica e immersiva.

Il viaggio di Jen e Kira è tanto fisico quanto spirituale. I due Gelfling devono imparare a fidarsi l'uno dell'altra e delle loro capacità per superare le prove che incontrano lungo il cammino. La loro missione non è solo di riparare il cristallo, ma anche di riconnettersi con la propria eredità e riscoprire le verità nascoste del loro mondo.

Il film esplora temi profondi come la dualità del bene e del male, l'importanza dell'equilibrio e dell'armonia e il potere della speranza e del coraggio. La lotta tra i Mistici e gli Skeksis rappresenta una metafora della battaglia interiore che ogni individuo affronta tra la luce e l'oscurità dentro di sé.

"Dark Crystal" è diventato un classico cult grazie alla sua narrazione avvincente, alla sua straordinaria produzione artistica e alla profondità dei suoi temi. La visione di Jim Henson e Frank Oz ha creato un mondo che continua a ispirare e affascinare il pubblico di tutte le età. La sua influenza è evidente non solo nel cinema fantasy, ma anche nella cultura popolare, dove il film è ricordato come un'opera pionieristica nel suo genere.

In conclusione, "Dark Crystal" è molto più di un semplice film di fantasia. È un viaggio epico attraverso un mondo ricco di meraviglie e pericoli, una riflessione sui grandi temi della vita e della morte, e un tributo al potere dell'immaginazione e della narrazione. La sua combinazione di avventura, mistero e magia lo rende un'opera senza tempo che continua a risuonare con i nuovi spettatori, dimostrando che le storie ben raccontate hanno un potere duraturo e universale.

76. Legend (Legend) - 1985

"Legend" è un film fantasy del 1985 diretto da Ridley Scott, che ha creato un universo oscuro e incantevole dove il bene e il male si scontrano in una battaglia epica. La storia è ambientata in una foresta magica e incontaminata, un luogo dove creature mistiche e incantesimi sono parte integrante della vita quotidiana.

Il protagonista del film è Jack (interpretato da Tom Cruise), un giovane uomo che vive in armonia con la natura e con le creature della foresta. Jack è innamorato della principessa Lili (interpretata da Mia Sara), una giovane e curiosa nobildonna che condivide con Jack un amore profondo per la natura. La loro relazione è il cuore pulsante del film, rappresentando l'innocenza e la purezza del mondo naturale.

La tranquillità della foresta viene minacciata quando Lili, affascinata dalla bellezza di due unicorni sacri, commette un errore fatale. La sua innocente curiosità attira l'attenzione del malvagio Signore delle Tenebre (interpretato da Tim Curry), una creatura demoniaca che desidera immergere il mondo in un'oscurità eterna. Il Signore delle Tenebre invia i suoi servitori a catturare gli unicorni e a tagliare il loro corno, un atto che precipita la foresta in un inverno eterno e getta Lili in una situazione disperata.

Jack, insieme a una banda di alleati improbabili tra cui Gump, un elfo delle foreste, il nano Brown Tom e il goblin Screwball, intraprende una missione per salvare Lili e ripristinare l'equilibrio del mondo. Durante il loro viaggio, il gruppo affronta numerosi pericoli, tra cui trappole magiche, creature demoniache e gli inganni del Signore delle Tenebre. La loro avventura è tanto un viaggio di crescita personale quanto una battaglia contro le forze del male.

Uno degli aspetti più memorabili di "Legend" è la straordinaria rappresentazione visiva del mondo creato da Ridley Scott. La foresta magica, con i suoi colori vividi e i suoi dettagli intricati, è resa ancora più affascinante dalla magistrale fotografia di Alex Thomson e dagli effetti speciali rivoluzionari per l'epoca. La musica di Tangerine Dream aggiunge un ulteriore strato di atmosfera al film, rendendo l'esperienza visiva e sonora completamente immersiva.

La performance di Tim Curry come il Signore delle Tenebre è una delle più iconiche nella storia del cinema fantasy. Con il suo trucco elaborato e la sua voce potente, Curry riesce a trasmettere una presenza minacciosa e carismatica che domina ogni scena in cui appare. Il personaggio del Signore delle Tenebre è la quintessenza del male, un antagonista che incarna l'oscurità e il desiderio di distruzione.

Il film esplora temi profondi come il conflitto tra luce e oscurità, l'importanza della purezza e dell'innocenza e il potere redentivo dell'amore. La storia di Jack e Lili è una parabola sulla necessità di proteggere ciò che è prezioso e fragile nel mondo, e sulla capacità dell'umanità di resistere alla tentazione del male.

Nonostante il film non sia stato un grande successo commerciale al momento della sua uscita, "Legend" ha guadagnato un seguito di culto nel corso degli anni. I fan apprezzano la sua visione artistica unica, la sua narrazione evocativa e le sue performance indimenticabili. Il film è spesso considerato uno dei capolavori di Ridley Scott, un'opera che riesce a bilanciare perfettamente elementi di bellezza e terrore, innocenza e oscurità.

In conclusione, "Legend" è un viaggio cinematografico straordinario che trasporta gli spettatori in un mondo di magia e pericolo. È una storia senza tempo di coraggio, amore e redenzione, raccontata attraverso una lente di straordinaria bellezza visiva e potenza emotiva. Il film continua a ispirare e affascinare nuove generazioni di spettatori, dimostrando che la magia del cinema può durare per sempre.

77. La bussola d'oro (The Golden Compass) - 2007

"La bussola d'oro" è un film fantasy del 2007 diretto da Chris Weitz, basato sul primo romanzo della trilogia "Queste oscure materie" di Philip Pullman. La storia si svolge in un mondo parallelo molto simile al nostro, ma con differenze fondamentali: ogni persona ha un "daimon", una manifestazione fisica del loro spirito sotto forma di animale. Questi daimon cambiano forma durante l'infanzia, stabilizzandosi in una forma unica una volta che la persona raggiunge l'età adulta.

La protagonista del film è Lyra Belacqua (Dakota Blue Richards), una giovane orfana che vive nel Jordan College a Oxford. Lyra è coraggiosa, curiosa e avventurosa, e il suo daimon Pantalaimon riflette la sua natura mutando in varie forme animali. La sua vita cambia radicalmente quando ascolta una conversazione segreta che rivela una cospirazione per rapire bambini e separarli dai loro daimon, un processo noto come "intercisione".

Quando il suo migliore amico Roger viene rapito, Lyra si impegna a salvarlo. Riceve in dono un aletiometro, un dispositivo mag ico simile a una bussola che può rispondere a qualsiasi domanda se utilizzato correttamente. Questo strumento diventa essenziale per il viaggio di Lyra, poiché le fornisce indicazioni e risposte cruciali lungo la strada.

Lyra viene coinvolta in un'avventura epica che la porta a unirsi a un gruppo di zingari chiamati Gyptians, che sono anch'essi alla ricerca dei bambini rapiti. Insieme, viaggiano verso il nord ghiacciato, dove scoprono che i rapimenti sono orchestrati dal Magisterium, un'organizzazione autoritaria che cerca di mantenere il controllo totale sul mondo. Il Magisterium vede nei daimon una minaccia al loro potere, poiché rappresentano l'anima e la volontà indipendente delle persone.

Durante il viaggio, Lyra incontra vari alleati, tra cui una strega di nome Serafina Pekkala (Eva Green), un aeronauta texano di nome Lee Scoresby (Sam Elliott), e un potente orso corazzato di nome Iorek Byrnison (doppiato da Ian McKellen). Ogni alleato porta con sé abilità e conoscenze uniche che aiutano Lyra nella sua missione.

La trama del film esplora temi complessi come la libertà individuale, l'oppressione istituzionale e la lotta per la verità. Il mondo di Lyra è pieno di meraviglie e pericoli, e la sua avventura è tanto una scoperta di sé quanto una battaglia contro le forze oscure che minacciano la libertà.

"La bussola d'oro" è visivamente straordinario, con effetti speciali all'avanguardia che danno vita ai daimon e alle creature fantastiche del mondo di Lyra. La regia di Chris Weitz e la sceneggiatura ben scritta mantengono un ritmo avvincente che tiene lo spettatore coinvolto dall'inizio alla fine. La colonna sonora di Alexandre Desplat aggiunge ulteriore profondità emotiva al film, creando un'atmosfera magica e avventurosa.

La performance di Dakota Blue Richards nel ruolo di Lyra è convincente e carismatica, catturando perfettamente lo spirito intraprendente e la determinazione del personaggio. Il cast di supporto, tra cui Nicole Kidman nel ruolo dell'ambigua Marisa Coulter e Daniel Craig come Lord Asriel, aggiunge ulteriori livelli di complessità e fascino alla storia.

Nonostante le critiche contrastanti e alcune controversie riguardanti i temi religiosi trattati nel film, "La bussola d'oro" è riuscito a conquistare un vasto pubblico grazie alla sua narrazione avvincente e alla sua rappresentazione visivamente ricca di un mondo fantastico. Il film pone le basi per una saga epica che esplora questioni morali e filosofiche attraverso il filtro della fantasia, invitando gli spettatori a riflettere sulle proprie convinzioni e sul valore della libertà.

In conclusione, "La bussola d'oro" è un'avventura cinematografica che combina azione, magia e riflessione in un'esperienza coinvolgente e stimolante. È un viaggio attraverso un mondo parallelo dove il coraggio, la lealtà e la ricerca della verità sono le chiavi per sconfiggere l'oppressione e preservare la speranza. Il film continua a ispirare e affascinare, lasciando un segno duraturo nel genere fantasy e nella mente degli spettatori.

78. Eragon (Eragon) - 2006

"Eragon" è un film fantasy del 2006 diretto da Stefen Fangmeier, basato sul primo libro della serie "Inheritance Cycle" di Christopher Paolini. La storia si svolge nel regno immaginario di Alagaësia, un mondo dominato dal malvagio re Galbatorix (John Malkovich), un ex Cavaliere dei Draghi che ha tradito e distrutto il suo ordine per consolidare il potere.

Il protagonista è Eragon (Edward Speleers), un giovane contadino che vive in una piccola fattoria con suo zio Garrow e suo cugino Roran. La vita di Eragon cambia radicalmente quando scopre un misterioso uovo di drago nella Foresta di Spine. L'uovo si schiude e nasce un drago blu che Eragon chiama Saphira. Con l'aiuto di Brom (Jeremy Irons), un vecchio cantastorie che si rivela essere un ex Cavaliere dei Draghi, Eragon inizia a comprendere il suo destino come nuovo Cavaliere dei Draghi.

Il legame tra Eragon e Saphira è centrale nella trama del film. Attraverso questo legame, Eragon impara a conoscere il potere della magia, la responsabilità che deriva dall'essere un Cavaliere dei Draghi e la necessità di combattere per la libertà del suo popolo. Brom diventa il mentore di Eragon, insegnandogli a combattere e a usare la magia, mentre Saphira fornisce supporto e forza con la sua saggezza draconica.

Il viaggio di Eragon lo porta a unirsi ai Varden, un gruppo di ribelli che si oppone al tirannico regno di Galbatorix. Durante il loro cammino, Eragon e Saphira affrontano numerosi pericoli, inclusi gli agenti del re, i Ra'zac, e il potente e malvagio ombra Durza (Robert Carlyle). La missione di Eragon diventa ancora più pericolosa quando scopre che la vita di tutti quelli che ama è in pericolo.

La trama del film è arricchita da una serie di personaggi secondari, tra cui Arya (Sienna Guillory), una principessa elfica e abile guerriera, e Murtagh (Garrett Hedlund), un misterioso combattente con un passato oscuro. Ogni personaggio porta con sé storie e abilità uniche che contribuiscono alla lotta contro Galbatorix.

"Eragon" esplora temi classici della narrativa fantasy come il viaggio dell'eroe, il sacrificio personale, l'amicizia e la lotta tra il bene e il male. Il film mette in luce l'importanza del coraggio e della speranza in tempi di oscurità, mostrando come anche una persona comune può fare la differenza in un mondo dominato dal male.

Dal punto di vista visivo, "Eragon" offre spettacolari scene di battaglia e affascinanti paesaggi fantastici. Gli effetti speciali utilizzati per creare Saphira e le altre creature magiche sono impressionanti, contribuendo a dare vita al mondo immaginario di Alagaësia. La regia di Stefen Fangmeier e la colonna sonora di Patrick Doyle aggiungono ulteriore profondità e atmosfera al film.

Nonostante le aspettative elevate e una premessa promettente, "Eragon" ha ricevuto critiche miste al momento della sua uscita, con alcuni critici che hanno lamentato la mancanza di fedeltà al libro e la sceneggiatura prevedibile. Tuttavia, il film è riuscito a guadagnare un seguito di fan che apprezzano la sua narrazione epica e l'ambientazione fantastica.

In sintesi, "Eragon" è un'avventura epica che invita gli spettatori a immergersi in un mondo di magia, draghi e battaglie eroiche. È una storia di crescita personale e di lotta contro l'oppressione, dove il protagonista deve scoprire la propria forza interiore e il proprio destino. Nonostante le sue imperfezioni, il film offre un'esperienza cinematografica coinvolgente che continua a ispirare gli appassionati del genere fantasy.

79. Percy Jackson e gli dei dell'Olimpo: Il ladro di fulmini (Percy Jackson & the Olympians: The Lightning Thief) - 2010

"Percy Jackson e gli dei dell'Olimpo: Il ladro di fulmini" è un film fantasy del 2010 diretto da Chris Columbus, basato sul primo libro della popolare serie "Percy Jackson & the Olympians" scritta da Rick Riordan. La storia segue le avventure di Percy Jackson (Logan Lerman), un adolescente apparentemente normale che scopre di essere un semidio, figlio di Poseidone, il dio del mare.

Il film inizia con Percy che vive una vita complicata a causa della sua dislessia e dell'ADHD, problemi che lo rendono un emarginato a scuola. Tuttavia, la sua vita cambia drasticamente quando scopre la sua vera identità e viene accusato ingiustamente di aver rubato il fulmine di Zeus, l'arma più potente dell'Olimpo. Questo furto provoca tensioni tra gli dei e minaccia di scatenare una guerra catastrofica.

Percy viene portato al Campo Mezzosangue, un rifugio sicuro per i semidei come lui. Qui, Percy scopre le sue abilità e incontra altri giovani semidei, tra cui Annabeth Chase (Alexandra Daddario), figlia di Atena, e Grover Underwood (Brandon T. Jackson), il suo migliore amico e satiro. Insieme, formano un trio che dovrà affrontare molte sfide per trovare il vero ladro del fulmine e ripristinarela pace tra gli dei.

Il viag gio di Percy lo porta in un'avventura attraverso gli Stati Uniti, dove affronta varie creature mitologiche e supera numerosi ostacoli. La loro missione li conduce a importanti siti mitologici nascosti nel mondo moderno, come il Giardino di Medusa e l'Underworld, governato da Ade (Steve Coogan). Durante queste prove, Percy impara a controllare le sue abilità, a comprendere meglio il suo destino e a fare i conti con il rapporto complicato con suo padre, Poseidone (Kevin McKidd).

Uno degli aspetti più affascinanti del film è come integra elementi della mitologia greca nel contesto moderno. Le divinità e le creature mitologiche sono rappresentate in modi creativi e innovativi, rendendo la mitologia accessibile e rilevante per il pubblico contemporaneo. Questo mix di mito e modernità è una delle caratteristiche distintive della serie di Rick Riordan e del film.

Il tema principale del film è l'accettazione di sé e il riconoscimento delle proprie capacità. Percy, inizialmente insicuro e confuso, deve accettare la sua identità di semidio e il ruolo che è destinato a giocare nel mantenere l'equilibrio tra il mondo umano e quello divino. La storia esplora anche l'importanza dell'amicizia e della lealtà, con Percy, Annabeth e Grover che formano un legame forte e inossidabile durante le loro avventure.

Visivamente, "Il ladro di fulmini" è ricco di effetti speciali e sequenze d'azione spettacolari. Le scene di combattimento e le rappresentazioni delle creature mitologiche sono particolarmente impressionanti e aggiungono un senso di grandiosità al film. La regia di Chris Columbus, noto per il suo lavoro sui primi due film di Harry Potter, riesce a catturare l'essenza magica e avventurosa della storia.

Nonostante il film abbia ricevuto critiche miste, con alcuni che hanno lamentato le differenze rispetto al libro originale, "Il ladro di fulmini" è riuscito a guadagnare un seguito di fan grazie alla sua narrazione avvincente e ai suoi personaggi carismatici. La performance di Logan Lerman nel ruolo di Percy Jackson è stata particolarmente apprezzata, così come le interpretazioni di Alexandra Daddario e Brandon T. Jackson.

In conclusione, "Percy Jackson e gli dei dell'Olimpo: Il ladro di fulmini" è un'avventura cinematografica che combina azione, mitologia e una storia di crescita personale. È un viaggio epico attraverso un mondo dove il mitico e il moderno si incontrano, e dove il protagonista deve scoprire la sua vera identità e il suo posto nel mondo. Il film offre un'esperienza coinvolgente e stimolante, particolarmente apprezzata dai fan della serie di libri e dagli amanti del genere fantasy.

80. Scontro di titani (Clash of the Titans) - 1981

"Scontro di titani" è un film epico di fantasy e avventura del 1981 diretto da Desmond Davis, che trae ispirazione dalle leggende della mitologia greca. La storia segue le vicende di Perseo (Harry Hamlin), figlio di Zeus (Laurence Olivier), il re degli dei, e di Danae, una principessa umana. Perseo cresce inconsapevole della sua vera identità fino a quando gli eventi lo costringono a confrontarsi con il suo destino eroico.

Il film inizia con la vendetta di Acrisio, re di Argo, che mette sua figlia Danae e il suo neonato Perseo in una cassa e li getta in mare, sperando che muoiano. Tuttavia, Zeus interviene e salva Danae e Perseo, permettendo loro di vivere su un'isola remota. Quando Perseo diventa adulto, gli dei dell'Olimpo giocano un ruolo cruciale nel determinare il suo destino, spesso guidandolo attraverso messaggi e interventi divini.

Perseo viene trasportato a Joppa, una città governata dalla regina Cassiopea (Siân Phillips), che ha offeso gli dei dichiarando che la bellezza di sua figlia Andromeda (Judi Bowker) supera quella delle divinità marine. Questo atto di superbia provoca l'ira di Thetis (Maggie Smith), dea del mare, che decreta che Andromeda deve essere sacrificata al Kraken, un mostro marino invincibile, a meno che un eroe non riesca a sconfiggerlo.

Perseo, innamoratosi di Andromeda, accetta la sfida di salvarla. Con l'aiuto di vari doni divini, tra cui una spada magica, uno scudo riflettente e un elmo che lo rende invisibile, Perseo intraprende un'avventura pericolosa. Il suo viaggio lo porta ad affrontare creature mitologiche, tra cui il gigante Calibos, un uomo maledetto con una deformità che lo rende un mostro, e la temibile Medusa, il cui sguardo può trasformare gli uomini in pietra.

La scena della battaglia contro Medusa è uno dei momenti più iconici del film. Perseo, utilizzando lo scudo riflettente per evitare di guardare direttamente Medusa, riesce a decapitarla e a usare la sua testa come arma contro il Kraken. Questo atto eroico culmina nella salvezza di Andromeda e nella vittoria di Perseo, che dimostra il suo valore e la sua abilità come guerriero e eroe.

"Scontro di titani" è celebre per i suoi effetti speciali stop-motion creati dal leggendario Ray Harryhausen. Le creature mitologiche animate da Harryhausen, come Pegasus, il cavallo alato, e il Kraken, sono state realizzate con una maestria che ha affascinato il pubblico dell'epoca e continua a essere apprezzata dai fan del cinema di effetti speciali.

Il film esplora temi classici della mitologia greca, come il destino, il coraggio, l'orgoglio e la vendetta divina. La narrazione enfatizza il ruolo degli dei nel plasmare il destino umano e la lotta degli eroi per superare le avversità imposte dalle divinità. Perseo è rappresentato come un eroe reluttante che, nonostante le sfide e le tentazioni, dimostra la sua nobiltà e il suo impegno nel proteggere gli innocenti.

La performance di Harry Hamlin nel ruolo di Perseo è convincente, riuscendo a trasmettere sia la vulnerabilità che la determinazione del personaggio. Laurence Olivier, nel ruolo di Zeus, porta una presenza imponente e autorevole, conferendo al film un senso di grandiosità e solennità.

"Scontro di titani" ha avuto un impatto duraturo sul genere fantasy e d'avventura, ispirando numerosi film e serie televisive successivi. La sua combinazione di mitologia classica, effetti speciali innovativi e una narrazione epica ha contribuito a definirlo come un capolavoro del cinema d'avventura.

In conclusione, "Scontro di titani" è un'epica avventura mitologica che cattura l'immaginazione con le sue storie di eroi, dei e mostri. Il film offre un'esperienza visiva e narrativa ricca di azione, emozioni e meraviglie mitologiche, lasciando un'impronta indelebile nella storia del cinema.

81. Krull (Krull) - 1983

"Krull" è un film di fantasia del 1983 diretto da Peter Yates, che combina elementi di fantascienza con l'epica fantasy. La storia si svolge sul pianeta Krull, un mondo lontano dominato da paesaggi maestosi e creature magiche. Il pianeta è minacciato dall'arrivo di una malvagia creatura extraterrestre conosciuta come il "Beast" e il suo esercito di guerrieri chiamati "Slayers". Il Beast ha preso residenza nel "Black Fortress", una fortezza nera che si sposta ogni giorno a una nuova località, rendendola difficile da trovare.

La trama segue il principe Colwyn (Ken Marshall) e la principessa Lyssa (Lysette Anthony), i cui regni si uniscono in matrimonio per formare un'alleanza contro il Beast. Tuttavia, il giorno delle nozze, il Black Fortress appare e i Slayers attaccano, rapendo Lyssa e lasciando Colwyn ferito. Determinato a salvare la sua amata e a liberare il pianeta dalla tirannia del Beast, Colwyn inizia una missione epica per trovare e distruggere il Black Fortress.

Durante il suo viaggio, Colwyn raccoglie un gruppo di alleati eterogenei, tra cui il saggio Ynyr (Freddie Jones), il mago Ergo il Magnifico (David Battley), un ciclope di nome Rell (Bernard Bresslaw) e una banda di fuorilegge, tra cui un giovane Liam Neeson nel ruolo di Kegan. Ogni membro del gruppo porta con sé abilità uniche e storie personali che arricchiscono la trama del film.

Un elemento centrale della storia è l'arma magica conosciuta come il "Glaive", una stella a cinque punte che Colwyn recupera dalle montagne di Krull. Il Glaive è un'arma leggendaria con poteri straordinari, ed è l'unica speranza di Colwyn per sconfiggere il Beast. Il viaggio per trovare il Glaive e imparare a usarlo è pieno di sfide e pericoli, ma anche di momenti di crescita personale e di legami tra i personaggi.

La missione di Colwyn e dei suoi alleati li porta attraverso una serie di ambientazioni spettacolari, dalle desertiche "Great Swamp" alle montagne ghiacciate e ai fiumi infuocati. Ogni luogo è abitato da creature magiche e ostacoli soprannaturali che mettono alla prova il coraggio e l'ingegno del gruppo. La ricerca culmina in un epico scontro nel Black Fortress, dove Colwyn deve usare il Glaive per affrontare il Beast e salvare Lyssa.

"Krull" è noto per i suoi effetti speciali innovativi per l'epoca e per la sua colonna sonora epica composta da James Horner. La regia di Peter Yates cattura la grandiosità del mondo di Krull, creando un'atmosfera che mescola meraviglia e terrore. Nonostante le sue ambizioni e il budget considerevole, il film ha ricevuto recensioni miste al momento della sua uscita, ma nel tempo è diventato un cult classico, apprezzato per la sua originalità e il suo approccio unico al genere fantasy.

Il film esplora temi come il coraggio, il sacrificio e l'importanza dell'unità di fronte alle avversità. La determinazione di Colwyn di salvare Lyssa e la sua capacità di unire persone diverse per una causa comune riflettono un messaggio di speranza e di forza collettiva. La lotta contro il Beast rappresenta la battaglia eterna tra il bene e il male, e il viaggio di Colwyn è una metafora del percorso eroico che ogni individuo deve intraprendere per superare le proprie paure e realizzare il proprio destino.

In conclusione, "Krull" è un'avventura epica che trasporta gli spettatori in un mondo di fantasia e meraviglia. È un viaggio attraverso un paesaggio immaginario pieno di pericoli e scoperte, dove il coraggio e l'amicizia sono le chiavi per la vittoria. Nonostante le critiche iniziali, il film ha resistito alla prova del tempo, continuando a ispirare e affascinare nuove generazioni di appassionati di fantasy.

82. Highlander - L'ultimo immortale (Highlander) - 1986

"Highlander - L'ultimo immortale" è un film fantasy del 1986 diretto da Russell Mulcahy, che racconta la storia epica di una razza di esseri immortali che vivono tra gli umani, destinati a combattere tra loro fino a che ne rimarrà uno solo. Il film segue la vita di Connor MacLeod (Christopher Lambert), un guerriero scozzese nato nel XVI secolo, che scopre di essere immortale dopo essere sopravvissuto a una ferita mortale in battaglia.

La trama si divide tra il passato e il presente. Nel passato, vediamo Connor nascere nelle Highlands scozzesi e la sua espulsione dal clan dopo che viene accusato di stregoneria per la sua inspiegabile sopravvivenza. Viene preso sotto l'ala del misterioso Ramirez (Sean Connery), un altro immortale che gli insegna le regole e le tecniche della sopravvivenza tra gli immortali. Ramirez rivela a Connor che gli immortali sono destinati a combattere fino alla "Riunione", un evento finale in cui solo uno rimarrà in vita e acquisirà un potere inimmaginabile.

Nel presente, la storia si svolge principalmente a New York, dove Connor vive sotto l'identità di Russell Nash, un antiquario. Gli eventi vengono messi in moto da una serie di omicidi che attirano l'attenzione della polizia, in particolare della detective Brenda Wyatt (Roxanne Hart). Brenda scopre un'antica spada giapponese in una delle scene del crimine, che la conduce a Nash/MacLeod. Intanto, Connor si prepara per l'inevitabile confronto con l'ultimo degli immortali rimasti, il barbaro Kurgan (Clancy Brown), un temibile avversario che rappresenta la forza bruta e la malvagità.

La narrazione di "Highlander" esplora temi di immortalità, amore, perdita e destino. Connor è un personaggio tragico, costretto a vivere secoli vedendo morire coloro che ama, compresa sua moglie Heather (Beatie Edney), che invecchia e muore mentre lui rimane giovane. La relazione tra Connor e Ramirez aggiunge profondità alla trama, mostrando il passaggio di conoscenza e la fratellanza tra gli immortali, nonostante il loro destino di dover combattere l'uno contro l'altro.

La regia di Russell Mulcahy è caratterizzata da uno stile visivo dinamico, con riprese panoramiche delle Highlands scozzesi e una rappresentazione vibrante e oscura di New York. Le sequenze di combattimento sono coreografate con cura, accentuando l'intensità e la drammaticità degli scontri tra gli immortali. La colonna sonora, composta da Michael Kamen e con canzoni dei Queen, tra cui la famosa "Princes of the Universe", contribuisce a creare un'atmosfera epica e memorabile.

"Highlander" è diventato un cult classico, amato per la sua originalità e per la profondità dei suoi temi. La performance di Christopher Lambert come Connor MacLeod è affascinante, portando sullo schermo un mix di forza, vulnerabilità e saggezza accumulata nel corso dei secoli. Sean Connery aggiunge carisma e gravitas al ruolo di Ramirez, mentre Clancy Brown offre una performance intimidatoria e indimenticabile come Kurgan.

Il film esplora anche l'idea di identità e adattamento. Connor, come immortale, deve costantemente reinventarsi e adattarsi ai cambiamenti del mondo intorno a lui. Questa capacità di cambiare e sopravvivere è una metafora della resilienza umana e della capacità di adattarsi alle sfide della vita.

In conclusione, "Highlander - L'ultimo immortale" è un'epica avventura che mescola elementi storici con la fantasia moderna. È una storia di lotta, amore e sacrificio, dove il protagonista deve confrontarsi con il suo destino e trovare un significato nella sua esistenza immortale. Il film rimane una pietra miliare del cinema fantasy, continuando a ispirare e intrattenere il pubblico con la sua narrazione avvincente e le sue potenti interpretazioni.

83. Conan il barbaro (Conan the Barbarian) - 1982

"Conan il barbaro" è un film del 1982 diretto da John Milius e basato sul personaggio creato da Robert E. Howard. Interpretato da Arnold Schwarzenegger nel ruolo principale, il film è ambientato in un'era mitica di barbarie e magia, un mondo oscuro e violento dove la forza e la sopravvivenza sono le uniche leggi.

La storia inizia con il giovane Conan, il cui villaggio viene saccheggiato dai guerrieri di Thulsa Doom (James Earl Jones), un malvagio signore della guerra e stregone. Durante l'attacco, i genitori di Conan vengono uccisi e lui viene catturato e reso schiavo. Crescendo, Conan sviluppa una forza straordinaria lavorando alla Ruota del Dolore, una grande struttura rotante usata per schiavizzare i prigionieri. Alla fine, Conan viene liberato e si trasforma in un formidabile gladiatore.

Dopo aver guadagnato la sua libertà, Conan si imbarca in un viaggio di vendetta contro Thulsa Doom. Lungo la strada, si allea con vari personaggi, tra cui il ladro Subotai (Gerry Lopez) e la guerriera Valeria (Sandahl Bergman). Insieme, affrontano numerose sfide, combattendo contro mostri, affrontando stregoni e saccheggiando templi. La loro missione culmina in un confronto epico con Thulsa Doom, che ha fondato un culto oscuro basato sulla promessa di eternità e potere.

Uno degli aspetti più memorabili di "Conan il barbaro" è la sua colonna sonora, composta da Basil Poledouris. Le potenti orchestrazioni di Poledouris contribuiscono a creare un'atmosfera epica e travolgente, sottolineando l'azione e il dramma del film. La musica è particolarmente efficace nel trasmettere il senso di grandezza e pericolo del mondo in cui si svolge la storia.

Il film esplora temi di vendetta, potere e destino. La crescita di Conan da schiavo a guerriero e poi a re è una narrazione classica dell'eroe che supera enormi ostacoli per realizzare il suo destino. La sua lotta contro Thulsa Doom non è solo una ricerca di vendetta personale, ma anche una battaglia contro il male incarnato. Thulsa Doom rappresenta la corruzione del potere e la manipolazione delle masse, un antagonista che usa la paura e la promessa di immortalità per controllare i suoi seguaci.

La regia di John Milius e la sceneggiatura co-scritta da Oliver Stone creano un mondo ricco di dettagli e di atmosfera. La cinematografia di Duke Callaghan cattura la vastità e la bellezza brutale del paesaggio, mentre le scene di battaglia sono coreografate con un realismo crudo e viscerale. La performance di Arnold Schwarzenegger, sebbene non sofisticata dal punto di vista recitativo, è perfetta per il ruolo di Conan, grazie alla sua imponente fisicità e alla sua presenza carismatica.

"Conan il barbaro" è stato un grande successo commerciale e ha contribuito a lanciare la carriera di Arnold Schwarzenegger come star del cinema d'azione. Il film ha anche influenzato il genere fantasy, stabilendo un nuovo standard per l'epica cinematografica con la sua combinazione di azione, mitologia e dramma. Ha generato un seguito di culto e ha ispirato sequel, serie televisive e videogiochi.

In conclusione, "Conan il barbaro" è un'avventura epica che ha resistito alla prova del tempo grazie alla sua narrazione avvincente, alla sua colonna sonora iconica e alla sua rappresentazione visivamente impressionante di un mondo brutale e magico. È un tributo all'eroismo e alla resilienza, una storia di vendetta e redenzione che continua a intrattenere e ispirare il pubblico di tutto il mondo.

84. Brisby e il segreto di NIMH (The Secret of NIMH) - 1982

"Brisby e il segreto di NIMH" è un film d'animazione del 1982 diretto da Don Bluth, basato sul romanzo "Mrs. Frisby and the Rats of NIMH" di Robert C. O'Brien. Il film racconta la storia di una topolina di campagna, la signora Brisby, e la sua lotta per salvare la sua famiglia da una minaccia mortale, combinando elementi di avventura, fantasia e dramma.

La signora Brisby (doppiata da Elizabeth Hartman) vive con i suoi quattro figli in una tranquilla fattoria. Suo marito, Jonathan Brisby, è morto di recente in circostanze misteriose, lasciandola sola a prendersi cura della famiglia. Quando il suo figlio più piccolo, Timothy, si ammala gravemente di polmonite, la signora Brisby è disperata perché la sua casa si trova nel campo che presto verrà arato dai contadini, un'azione che metterebbe in pericolo la vita di Timothy, troppo debole per essere spostato.

Nel suo tentativo di trovare una soluzione, la signora Brisby cerca l'aiuto del Grande Gufo (doppiato da John Carradine), che la indirizza verso i ratti di NIMH, una colonia di ratti altamente intelligenti che vive sotto il roseto della fattoria. Questi ratti sono stati sottoposti a esperimenti scientifici presso il National Institute of Mental Health (NIMH), che li ha resi estremamente intelligenti e capaci di usare l'elettricità e la tecnologia.

La signora Brisby scopre che suo marito Jonathan era un membro rispettato della colonia di ratti e aveva svolto un ruolo cruciale nella loro fuga dai laboratori di NIMH. I ratti, guidati dal nobile Nicodemus (doppiato da Derek Jacobi), decidono di aiutare la signora Brisby a spostare la sua casa utilizzando una complessa macchina da loro costruita. Tuttavia, il malvagio Jenner (doppiato da Paul Shenar) ha piani diversi e vede l'occasione di prendere il controllo della colonia.

La narrazione di "Brisby e il segreto di NIMH" esplora temi come il coraggio, il sacrificio e l'importanza della famiglia. La signora Brisby è un personaggio straordinario, che dimostra una forza e una determinazione incredibili nel tentativo di salvare i suoi figli. La sua storia è una testimonianza del potere dell'amore materno e della volontà di fare qualsiasi cosa per proteggere la propria famiglia.

La regia di Don Bluth è caratterizzata da uno stile d'animazione ricco e dettagliato, con una grande attenzione alla creazione di un mondo visivamente affascinante e coinvolgente. Le animazioni sono fluide e piene di vita, con scene che variano da momenti tranquilli e intimi a sequenze di azione dinamiche e intense. La colonna sonora di Jerry Goldsmith aggiunge ulteriore profondità emotiva al film, sottolineando i momenti di tensione e di dramma con musiche evocative.

Il film affronta anche questioni etiche riguardanti gli esperimenti sugli animali e l'uso della tecnologia. I ratti di NIMH rappresentano sia il potenziale positivo che i pericoli dell'intelligenza e della tecnologia avanzata, e la loro lotta per trovare un equilibrio tra questi due aspetti è un tema centrale della storia.

"Brisby e il segreto di NIMH" ha ricevuto ampi consensi per la sua qualità artistica e la sua narrazione avvincente. È stato lodato per aver portato un livello di maturità e complessità al cinema d'animazione, affrontando temi profondi e offrendo un'esperienza cinematografica che può essere apprezzata da spettatori di tutte le età.

In conclusione, "Brisby e il segreto di NIMH" è un film d'animazione straordinario che combina una narrazione avvincente con una splendida animazione e una colonna sonora evocativa. È una storia di coraggio, amore e determinazione, che continua a toccare il cuore degli spettatori e a ispirare nuove generazioni con il suo messaggio di speranza e resilienza. Il film è un classico senza tempo, un gioiello dell'animazione che merita di essere ricordato e celebrato per la sua bellezza artistica e la sua profondità emotiva.

85. Le avventure del barone di Munchausen (The Adventures of Baron Munchausen) - 1988

"Le avventure del barone di Munchausen" è un film del 1988 diretto da Terry Gilliam, noto per il suo stile visivamente ricco e la sua narrazione fantasiosa. Il film è ispirato alle leggendarie storie del barone di Munchausen, un personaggio noto per i suoi racconti incredibili e spesso esagerati di avventure e imprese impossibili.

La storia si apre in una città europea assediata dall'Impero Ottomano. Un gruppo teatrale sta mettendo in scena una rappresentazione delle fantastiche avventure del barone di Munchausen (interpretato da John Neville), quando il vero barone appare per interrompere lo spettacolo, dichiarando che solo lui può raccontare la sua storia vera. Così inizia un'avventura straordinaria che mescola realtà e fantasia.

Il barone di Munchausen, accompagnato da una giovane ragazza di nome Sally Salt (Sarah Polley), decide di riunire la sua vecchia squadra di avventurieri per salvare la città. La squadra comprende personaggi un ici come Berthold (Eric Idle), l'uomo più veloce del mondo; Albrecht (Winston Dennis), dotato di una forza sovrumana; Adolphus (Charles McKeown), con una vista eccezionale; e Gustavus (Jack Purvis), dalle incredibili capacità uditive. Insieme, si imbarcano in una serie di avventure che li portano in luoghi fantastici e impossibili.

Il loro viaggio li conduce sulla Luna, dove incontrano il re della Luna (Robin Williams) e la sua regina (Valentina Cortese), attraverso il ventre di una balena gigantesca, e persino nell'inferno, dove devono affrontare il Dio della Morte. Ogni avventura è più straordinaria e surreale della precedente, con effetti visivi sbalorditivi che riflettono lo stile distintivo di Terry Gilliam.

La narrazione di "Le avventure del barone di Munchausen" esplora temi come la potenza dell'immaginazione, la natura della realtà e l'importanza di credere nell'impossibile. Il barone rappresenta lo spirito dell'avventura e della fantasia, un uomo che rifiuta di essere limitato dalla logica e dalla razionalità. La sua determinazione a salvare la città attraverso il potere della sua immaginazione e delle sue storie è un tema centrale del film.

La performance di John Neville come il barone di Munchausen è affascinante e carismatica, portando il personaggio alla vita con una combinazione di eleganza, umorismo e un tocco di follia. Sarah Polley, nel ruolo di Sally, offre una performance toccante e sincera, rappresentando la purezza e la speranza dell'infanzia. Il cast di supporto, che include anche Oliver Reed e Uma Thurman, contribuisce a creare un mondo ricco e vibrante pieno di personaggi memorabili.

La regia di Terry Gilliam è caratterizzata da un'abbondanza di immagini visivamente sorprendenti e sequenze fantasiose. Le scenografie elaborate e i costumi dettagliati trasportano gli spettatori in un mondo di pura immaginazione, dove ogni scena è un'opera d'arte visiva. La colonna sonora di Michael Kamen aggiunge ulteriore profondità e atmosfera al film, completando l'esperienza immersiva.

"Le avventure del barone di Munchausen" è stato un film ambizioso e costoso, e nonostante le difficoltà di produzione e il flop al botteghino, ha guadagnato uno status di culto nel corso degli anni. Il film è apprezzato per la sua originalità, il suo senso dell'umorismo e la sua celebrazione dell'immaginazione senza limiti.

In conclusione, "Le avventure del barone di Munchausen" è un capolavoro di fantasia cinematografica che invita gli spettatori a sognare l'impossibile e a celebrare il potere delle storie. È un film che affascina e ispira, ricordando che, come il barone stesso, possiamo sfidare le convenzioni e trovare meraviglia nel mondo che ci circonda. Con la sua narrazione avvincente e la sua straordinaria bellezza visiva, il film continua a essere una testimonianza del genio creativo di Terry Gilliam e dell'arte del cinema.

86. L'ultimo unicorno (The Last Unicorn) - 1982

"L'ultimo unicorno" è un film d'animazione del 1982 diretto da Jules Bass e Arthur Rankin Jr., basato sull'omonimo romanzo di Peter S. Beagle, che ha anche scritto la sceneggiatura del film. È una storia magica e commovente che segue le avventure di un unicorno alla ricerca degli altri della sua specie, scomparsi misteriosamente.

Il film inizia in una foresta incantata, dove un unicorno senza nome vive in pace, protetto dalla sua bellezza e dalla sua magia. Un giorno, viene a sapere da una farfalla canterina che lei è l'ultimo unicorno rimasto al mondo, e che tutti gli altri sono stati catturati da un misterioso Re Rosso. Determinata a scoprire la verità e a trovare i suoi simili, l'unicorno decide di lasciare la sicurezza della sua foresta e intraprendere un viaggio pericoloso.

Durante il suo viaggio, l'unicorno si trasforma in una giovane donna di nome Lady Amalthea per sfuggire ai pericoli del mondo umano. Viene accompagnata da Schmendrick il Mago (doppiato da Alan Arkin), un mago incompetente ma dal cuore gentile, e da Molly Grue (doppiata da Tammy Grimes), una donna di mezza età che ha sempre sognato di vedere un unicorno. Insieme, affrontano molte sfide, tra cui banditi e creature magiche, mentre cercano il castello del Re Rosso.

La narrazione del film esplora temi profondi come la ricerca di sé, la perdita e la bellezza effimera della vita. L'unicorno, nella sua forma umana di Lady Amalthea, inizia a provare emozioni umane, compreso l'amore per il principe Lír (doppiato da Jeff Bridges), il figlio del Re Rosso. Questo crea un conflitto interno, poiché Amalthea lotta per mantenere la sua identità di unicorno mentre si avvicina sempre più al cuore umano.

Il Re Rosso, interpretato magistralmente da Christopher Lee, è un antagonista complesso e minaccioso. La sua ossessione per gli unicorni e il suo desiderio di possedere tutta la bellezza e la magia del mondo lo rendono una figura tragica e inquietante. La battaglia finale tra l'unicorno e il Toro Rosso, una creatura demoniaca al servizio del Re Rosso, è un momento culminante del film, pieno di tensione e emozione.

L'animazione di "L'ultimo unicorno" è caratterizzata da uno stile artistico unico e affascinante, che riflette la bellezza magica e l'atmosfera fiabesca della storia. Le immagini sono arricchite dalla colonna sonora evocativa, composta da Jimmy Webb e interpretata dal gruppo musicale America, che aggiunge un ulteriore strato di magia e nostalgia al film.

Il film ha ricevuto elogi per la sua narrazione poetica, la profondità emotiva dei suoi personaggi e la sua capacità di affrontare temi maturi attraverso il medium dell'animazione. È una storia che parla tanto agli adulti quanto ai bambini, offrendo un'esperienza ricca di significato e bellezza.

"L'ultimo unicorno" è diventato un classico cult, amato per la sua combinazione di avventura, romanticismo e tragedia. Il film è una celebrazione della magia e della bellezza del mondo naturale, e un tributo alla resilienza e alla speranza. La ricerca dell'unicorno per trovare i suoi simili e la sua lotta per mantenere la sua identità sono metafore potenti della condizione umana e del nostro desiderio di appartenenza e significato.

In conclusione, "L'ultimo unicorno" è un film d'animazione straordinario che trascende il genere, offrendo una storia profondamente toccante e visivamente incantevole. È un viaggio attraverso un mondo di meraviglia e pericolo, dove la magia è reale e la bellezza è tanto fragile quanto eterna. Con la sua narrazione avvincente e la sua ricca estetica visiva, il film continua a incantare e ispirare spettatori di tutte le età, ricordandoci il potere delle storie e la magia che risiede in ognuno di noi.

87. I banditi del tempo (Time Bandits) - 1981

"I banditi del tempo" è un film fantasy del 1981 diretto da Terry Gilliam, noto per la sua immaginazione visiva straordinaria e il suo umorismo eccentrico. La storia segue le avventure di un giovane ragazzo di nome Kevin (Craig Warnock) che viene catapultato in una serie di viaggi nel tempo con un gruppo di nani ladri che possiedono una mappa del tempo rubata dall'Essere Supremo (Ralph Richardson).

La narrazione inizia con Kevin, un ragazzino intelligente e appassionato di storia, che vive una vita monotona con i suoi genitori materialisti. Una notte, mentre è nel suo letto, un cavallo con un cavaliere medievale irrompe nella sua stanza, segnalando l'inizio di una straordinaria avventura. Poco dopo, sei nani emergono da un armadio e cercano di scappare attraverso un portale temporale. Kevin si unisce a loro e scopre che i nani, ex impiegati dell'Essere Supremo, hanno rubato una mappa che mostra tutti i buchi nel tessuto del tempo e dello spazio.

Guidati da Randall (David Rappaport), i nani intendono usare la mappa per rubare tesori attraverso la storia. Ogni portale temporale li porta in epoche diverse, dove incontrano personaggi storici e mitologici. Tra questi incontri ci sono Napoleone Bonaparte (Ian Holm), Robin Hood (John Cleese) e Agamennone (Sean Connery), che diventa una figura paterna per Kevin. Ogni viaggio nel tempo è pieno di avventure, pericoli e umorismo, con i nani che affrontano ogni situazione con un mix di astuzia e incompetenza.

La storia prende una svolta oscura quando il gruppo viene catturato da Evil Genius (David Warner), un essere malvagio che desidera la mappa per conquistare l'universo. Evil Genius rappresenta il male assoluto e la tentazione della conoscenza proibita. Il climax del film si svolge nella Fortezza della Pura Malevolenza, dove Kevin e i nani devono confrontarsi con Evil Genius e il suo esercito di creature mostruose.

"I banditi del tempo" esplora temi di bene e male, innocenza e corruzione, e il potere dell'immaginazione. Kevin, attraverso le sue avventure, impara a distinguere tra l'eroismo reale e la falsa gloria, e sviluppa una comprensione più profonda del valore della storia e del coraggio personale. Il film è anche una critica satirica della società moderna, rappresentata dai genitori di Kevin, ossessionati dal consumismo e indifferenti alla vera bellezza del mondo.

La regia di Terry Gilliam è caratterizzata da uno stile visivo ricco e surreale, con scenografie elaborate e sequenze oniriche che trasportano gli spettatori in un viaggio attraverso il tempo e lo spazio. Gli effetti speciali, sebbene datati, aggiungono un fascino unico al film, riflettendo l'immaginazione e l'arte artigianale di Gilliam.

Il cast del film è eccezionale, con performance memorabili da parte di attori noti e caratteristi. David Rappaport, come Randall, guida il gruppo di nani con carisma e umorismo, mentre David Warner offre una performance intensa e minacciosa come Evil Genius. Il giovane Craig Warnock, nel ruolo di Kevin, è convincente e simpatico, rappresentando il punto di vista innocente attraverso cui il pubblico vive l'avventura.

La colonna sonora di Mike Moran, con la canzone dei titoli di testa interpretata dai George Harrison, aggiunge un ulteriore livello di atmosfera al film, combinando elementi di epica avventura con un tocco di malinconia.

"I banditi del tempo" è stato accolto positivamente dalla critica e dal pubblico, diventando un classico cult. Il film è amato per la sua combinazione di avventura, umorismo e profondità tematica, e per la sua capacità di catturare l'immaginazione di spettatori di tutte le età.

In conclusione, "I banditi del tempo" è un capolavoro di fantasia cinematografica che offre un viaggio avvincente e sorprendente attraverso la storia. È una celebrazione dell'immaginazione e della curiosità, un film che invita gli spettatori a vedere il mondo con occhi nuovi e a scoprire la magia nascosta nella nostra stessa storia. Con la sua narrazione avvincente, il suo umorismo eccentrico e la sua straordinaria bellezza visiva, il film continua a ispirare e a divertire, ricordandoci che l'avventura e la meraviglia sono sempre a portata di mano, se solo siamo disposti a cercarle.

88. MirrorMask (MirrorMask) - 2005

"MirrorMask" è un film fantasy del 2005 diretto da Dave McKean, scritto da Neil Gaiman e prodotto dalla Jim Henson Company. Il film è noto per il suo stile visivo unico e surreale, che mescola live-action e animazione per creare un mondo di sogno straordinariamente dettagliato e affascinante. La storia segue Helena (Stephanie Leonidas), una giovane ragazza che lavora con i suoi genitori in un circo itinerante e desidera una vita normale.

La narrazione inizia con Helena che esprime il suo desiderio di fuggire dal circo e vivere una vita diversa, un desiderio che la porta a conflitti con sua madre Joanne (Gina McKee). Dopo un'accesa discussione, Joanne collassa e viene portata in ospedale, gravemente malata. Sentendosi in colpa e confusa, Helena si rifugia nei suoi disegni, creando mondi fantastici e creature immaginarie.

Una notte, Helena si ritrova trasportata in un mondo parallelo, un regno onirico creato dalla sua stessa immaginazione. In questo mondo, due regine, la Regina Bianca e la Regina Nera (entrambe interpretate da Gina McKee), sono in guerra tra loro. Helena scopre di essere intrappolata in questo regno e che l'unico modo per tornare a casa è trovare il MirrorMask, un oggetto magico che può ripristinare l'equilibrio e la pace nel regno.

Durante il suo viaggio, Helena è accompagnata da Valentine (Jason Barry), un misterioso giocoliere mascherato che diventa il suo alleato e guida. Insieme, affrontano vari ostacoli e incontrano creature strane e meravigliose, tra cui sfingi che fanno domande, giganti fatti di pietra e gatti volanti. Ogni incontro è una sfida che mette alla prova il coraggio, l'ingegno e la determinazione di Helena.

Il film esplora temi di crescita personale, identità e il potere dell'immaginazione. Helena deve confrontarsi con le sue paure e insicurezze, imparando a trovare la forza dentro di sé per salvare il mondo onirico e ritornare alla sua vita reale. La sua avventura è una metafora del passaggio dall'infanzia all'età adulta, un viaggio di scoperta e trasformazione personale.

Visivamente, "MirrorMask" è un capolavoro di arte e creatività. Dave McKean, noto per il suo lavoro come illustratore e artista grafico, porta il suo stile distintivo al film, creando un mondo che sembra uscito direttamente dalle pagine di un libro illustrato. Le immagini sono surreali e spesso inquietanti, con un uso innovativo della CGI per mescolare elementi reali e fantastici in modo armonioso.

La colonna sonora, composta da Iain Ballamy, aggiunge un ulteriore strato di atmosfera al film, con musiche che spaziano dal melodico all'etereo, riflettendo la natura mutevole e magica del mondo di Helena. La combinazione di musica, immagini e narrazione crea un'esperienza cinematografica immersiva che cattura l'immaginazione dello spettatore.

Le performance degli attori sono altrettanto impressionanti. Stephanie Leonidas offre una performance convincente e commovente come Helena, portando il pubblico a condividere il suo viaggio emotivo e le sue sfide. Jason Barry, come Valentine, aggiunge un tocco di mistero e umorismo, mentre Gina McKee brilla nei ruoli duali delle regine, incarnando sia la luce che l'oscurità del regno onirico.

"MirrorMask" è stato accolto positivamente dalla critica per la sua originalità e la sua bellezza visiva. Sebbene non sia stato un grande successo commerciale, ha guadagnato un seguito di culto grazie al suo approccio unico alla narrazione fantasy e alla sua esplorazione profonda dei temi psicologici ed emotivi.

In conclusione, "MirrorMask" è un film che va oltre il semplice intrattenimento, offrendo una riflessione profonda sulla crescita personale e il potere dell'immaginazione. È un viaggio attraverso un mondo di sogno che invita gli spettatori a esplorare le profondità della loro stessa mente e a trovare la bellezza e la forza dentro di sé. Con il suo stile visivo straordinario e la sua narrazione coinvolgente, il film rimane un'opera d'arte unica nel panorama del cinema fantasy.

89. The Fall (The Fall) - 2006

"The Fall" è un film del 2006 diretto da Tarsem Singh, noto per il suo stile visivo straordinario e la sua narrazione intricata. Il film è una favola surreale che combina elementi di avventura, dramma e fantasia, ambientata in due mondi distinti: uno reale e uno immaginario. La storia si svolge a Los Angeles negli anni '20, dove un giovane stuntman, Roy Walker (Lee Pace), è ricoverato in ospedale dopo un grave incidente che lo ha lasciato paralizzato dalla vita in giù.

In ospedale, Roy incontra Alexandria (Catinca Untaru), una vivace bambina di cinque anni che si sta riprendendo da un braccio rotto. Alexandria è curiosa e piena di immaginazione, e Roy, depresso e in preda alla disperazione, inizia a raccontarle una storia fantastica per passare il tempo. La storia che Roy inventa è un'avventura epica ambientata in un mondo di fantasia, dove cinque eroi, ognuno con un motivo personale, si uniscono per combattere il malvagio governatore Odious.

Gli eroi della storia di Roy includono l'ex schiavo Otta Benga, l'indiano Mistico, Luigi, l'esperto di esplosivi italiano, Charles Darwin, il naturalista britannico, e l'eroe mascherato, interpretato dallo stesso Roy nel suo racconto. La narrazione di Roy prende vita attraverso l'immaginazione di Alexandria, trasformando i membri del personale dell'ospedale e gli altri pazienti nei personaggi della storia. Questo crea una fusione unica tra la realtà dell'ospedale e il mondo fantastico della narrazione.

La storia che Roy racconta è intrinsecamente legata alle sue emozioni e alla sua condizione mentale. Mentre Alexandria si immerge sempre di più nella storia, inizia a comprendere la sofferenza e la disperazione di Roy. La fantasia diventa un mezzo attraverso il quale Roy esprime la sua lotta interiore, la sua perdita di speranza e il suo desiderio di morire. Alexandria, d'altra parte, rappresenta la speranza e l'innocenza, cercando di cambiare il corso della storia per salvare i suoi eroi preferiti.

La regia di Tarsem Singh è visivamente sbalorditiva, con ogni scena del mondo immaginario girata in location reali e spesso esotiche, che vanno dai deserti della Namibia ai templi dell'India. La fotografia di Colin Watkinson cattura queste ambientazioni con una bellezza mozzafiato, creando un'esperienza visiva che è sia surreale che visceralmente reale. Ogni inquadratura è meticolosamente composta, con colori vibranti e paesaggi epici che riflettono lo stato emotivo dei personaggi.

La colonna sonora, composta da Krishna Levy, aggiunge ulteriore profondità emotiva al film, con musiche che spaziano dal lirico all'epico, sottolineando i momenti di gioia, tristezza e suspense. La combinazione di musica, immagini e narrazione crea un'esperienza cinematografica immersiva e unica.

Le performance degli attori sono altrettanto notevoli. Lee Pace offre una performance intensa e sfumata come Roy, catturando la complessità delle sue emozioni e la profondità della sua disperazione. Catinca Untaru, nel ruolo di Alexandria, è straordinaria nella sua naturalezza e spontaneità, portando una freschezza e un'autenticità che sono raramente viste nei giovani attori.

"The Fall" esplora temi profondi come la natura della narrazione, la percezione della realtà e l'intersezione tra fantasia e realtà. La storia di Roy e Alexandria è una meditazione sull'arte della narrazione e sul potere delle storie di influenzare e trasformare la vita delle persone. È anche una riflessione sulla speranza, la redenzione e la capacità umana di trovare bellezza e significato anche nei momenti più bui.

Il film è stato accolto con recensioni positive per la sua originalità e la sua bellezza visiva, anche se alcuni critici hanno trovato la narrazione difficile da seguire a causa della sua struttura non lineare. Tuttavia, "The Fall" è diventato un cult classico, apprezzato per la sua audacia artistica e la sua capacità di toccare profondamente gli spettatori.

In conclusione, "The Fall" è un'opera d'arte cinematografica che sfida le convenzioni e offre un'esperienza visiva e emotiva unica. È un viaggio attraverso il potere della fantasia e della narrazione, un film che invita gli spettatori a esplorare le profondità della mente umana e a trovare bellezza e speranza in luoghi inaspettati. Con la sua narrazione avvincente, le sue straordinarie immagini e le sue potenti performance, "The Fall" rimane una testimonianza della magia del cinema e del potere delle storie di cambiare il mondo.

90. Parnassus - L'uomo che voleva ingannare il diavolo (The Imaginarium of Doctor Parnassus) - 2009

"Parnassus - L'uomo che voleva ingannare il diavolo" è un film fantasy del 2009 diretto da Terry Gilliam, noto per la sua narrazione ricca e visivamente affascinante. Il film segue le avventure del Dottor Parnassus (Christopher Plummer), un uomo immortale che gestisce un misterioso spettacolo itinerante, l'Imaginarium, che offre al pubblico l'opportunità di attraversare uno specchio magico e esplorare i propri desideri più profondi.

La trama ruota attorno a un'antica scommessa tra Parnassus e il Diavolo, noto come Mr. Nick (Tom Waits). Secoli prima, Parnassus ha vinto l'immortalità scommettendo con Mr. Nick, ma a un terribile costo: sua figlia Valentina (Lily Cole) apparterrà a Mr. Nick quando compirà sedici anni. Con il compleanno di Valentina che si avvicina rapidamente, Parnassus è disperato per trovare un modo per salvarla.

La compagnia itinerante di Parnassus include anche Percy (Verne Troyer), il fedele assistente nano, e Anton (Andrew Garfield), un giovane prestigiatore innamorato di Valentina. La loro vita prende una svolta drammatica quando trovano Tony (Heath Ledger), un uomo misterioso appeso sotto un ponte. Tony, che soffre di amnesia, si unisce alla compagnia e diventa rapidamente un elemento chiave nel piano di Parnassus per vincere una nuova scommessa con Mr. Nick e salvare Valentina.

L'Imaginarium è una dimensione magica e onirica dove le fantasie diventano realtà, ma è anche un luogo di tentazioni e pericoli. Quando i clienti attraversano lo specchio, si trovano di fronte a scelte che possono cambiare il loro destino. Tony, nel suo tentativo di aiutare Parnassus, scopre le sue stesse ambizioni e oscuri segreti, diventando una figura enigmatica e complessa.

La produzione del film ha affrontato una sfida significativa con la tragica morte di Heath Ledger durante le riprese. Terry Gilliam ha risolto questa difficoltà in modo creativo, facendo interpretare le diverse versioni di Tony all'interno dell'Imaginarium da Johnny Depp, Jude Law e Colin Farrell. Questa scelta non solo ha permesso di completare il film, ma ha anche aggiunto una dimensione unica e surreale alla narrazione, riflettendo la natura mutevole e frammentata del personaggio di Tony.

"Parnassus" esplora temi di moralità, sacrificio e il potere dell'immaginazione. La lotta di Parnassus contro Mr. Nick rappresenta la lotta eterna tra il bene e il male, con l'Imaginarium che funge da campo di battaglia per l'anima delle persone. La storia di Valentina e il suo desiderio di una vita normale contrastano con il mondo fantastico del padre, creando un conflitto emotivo che guida la narrazione.

La regia di Terry Gilliam è caratterizzata da un'abbondanza di immagini visivamente sorprendenti e sequenze fantasiose. Ogni scena all'interno dell'Imaginarium è ricca di dettagli e creatività, con paesaggi onirici che spaziano da lussureggianti foreste incantate a inquietanti città labirintiche. La cinematografia di Nicola Pecorini cattura questi mondi con un senso di meraviglia e stravaganza che è il marchio di fabbrica di Gilliam.

Le performance degli attori sono eccezionali. Christopher Plummer offre una rappresentazione profonda e sfumata di Parnassus, un uomo combattuto tra il suo passato e il desiderio di salvare sua figlia. Tom Waits, come Mr. Nick, è affascinante e minaccioso, portando un tocco di carisma diabolico al ruolo del Diavolo. Heath Ledger, Johnny Depp, Jude Law e Colin Farrell interpretano diverse incarnazioni di Tony con carisma e versatilità, aggiungendo complessità e intrigo al personaggio.

La colonna sonora, composta da Jeff e Mychael Danna, aggiunge ulteriore profondità e atmosfera al film, con musiche che variano dal mistico al drammatico, riflettendo i toni cangianti della narrazione.

"Parnassus - L'uomo che voleva ingannare il diavolo" è stato accolto con recensioni positive per la sua originalità e la sua audacia visiva. Sebbene la morte di Heath Ledger abbia gettato un'ombra sulla produzione, il film è riuscito a trasformare questa tragedia in un elemento narrativo che ha arricchito la storia e ha dimostrato la resilienza e la creatività del cast e della troupe.

In conclusione, "Parnassus - L'uomo che voleva ingannare il diavolo" è un'opera d'arte cinematografica che esplora il potere dell'immaginazione e la lotta tra il bene e il male. È un viaggio attraverso mondi onirici e fantastici, un film che invita gli spettatori a riflettere sulle proprie scelte e sul valore dell'anima umana. Con la sua narrazione avvincente, le sue straordinarie immagini e le sue potenti performance, il film rimane una testimonianza della visione unica di Terry Gilliam e della magia del cinema.

91. Beetlejuice - Spiritello porcello (Beetlejuice) - 1988

"Beetlejuice - Spiritello porcello" è un film di commedia horror del 1988 diretto da Tim Burton. Il film è una miscela di dark comedy, horror e fantastico, con uno stile visivo unico che è diventato il marchio di fabbrica di Burton. La trama segue la coppia di coniugi Adam (Alec Baldwin) e Barbara Maitland (Geena Davis), che muoiono in un incidente d'auto e diventano fantasmi intrappolati nella loro casa.

Dopo la loro morte, Adam e Barbara scoprono che la loro amata casa viene venduta alla stravagante famiglia Deetz: Charles (Jeffrey Jones), la sua seconda moglie Delia (Catherine O'Hara) e la figlia adolescente goth Lydia (Winona Ryder). Disperati per recuperare la loro casa, i Maitland cercano di spaventare i Deetz per farli andare via, ma senza successo.

Nel loro tentativo di liberarsi dei nuovi inquilini, Adam e Barbara incontrano Beetlejuice (Michael Keaton), uno spirito volgare e caotico che si autodefinisce "bio-esorcista". Beetlejuice promette di aiutare i Maitland a cacciare i Deetz, ma i suoi metodi estremamente imprevedibili e pericolosi mettono tutti in pericolo.

Lydia, che è capace di vedere i fantasmi, instaura un rapporto con i Maitland e cerca di aiutarli, mentre deve anche gestire le macchinazioni di Beetlejuice. La trama si sviluppa in un crescendo di caos soprannaturale, culminando in un matrimonio forzato tra Beetlejuice e Lydia, orchestrato per permettere a Beetlejuice di rimanere nel mondo dei vivi.

Il film esplora temi di morte, aldilà e redenzione, con un tono leggero e comico. La rappresentazione dell'aldilà è piena di personaggi eccentrici e situazioni surreali, riflettendo l'estetica gotica e bizzarra di Burton. Il design visivo, compresi i costumi e le scenografie, contribuisce a creare un mondo unico e memorabile che è al contempo inquietante e affascinante.

La performance di Michael Keaton come Beetlejuice è stata ampiamente lodata, rendendolo uno dei personaggi più iconici del cinema degli anni '80. Keaton infonde al personaggio un'energia maniacale e un umorismo oscuro che rendono Beetlejuice sia divertente che terrificante. Il cast di supporto, incluso Alec Baldwin, Geena Davis e Winona Ryder, offre interpretazioni solide che bilanciano l'umorismo e la sensibilità emotiva della storia.

"Beetlejuice" ha avuto un impatto duraturo sulla cultura popolare, ispirando una serie animata, un musical di Broadway e piani per un sequel. La combinazione di horror e commedia, insieme allo stile visivo distintivo di Burton, ha reso il film un classico cult che continua a essere amato da generazioni di spettatori.

In conclusione, "Beetlejuice - Spiritello porcello" è una commedia horror innovativa che mescola abilmente elementi soprannaturali con umorismo e creatività visiva. Il film esplora temi universali attraverso una lente gotica e surreale, offrendo un'esperienza cinematografica unica che ha cementato il suo posto nella storia del cinema. Con le sue performance indimenticabili, la sua narrazione avvincente e il suo stile visivo unico, "Beetlejuice" rimane una delle opere più iconiche di Tim Burton e un punto di riferimento nel genere della commedia horror.

92. Coraline e la porta magica (Coraline) - 2009

"Coraline e la porta magica" è un film d'animazione dark fantasy del 2009 diretto da Henry Selick, basato sul romanzo omonimo di Neil Gaiman. Il film utilizza l'animazione in stop-motion per creare un mondo visivamente affascinante e inquietante, che riflette la storia oscura e magica della protagonista, Coraline Jones (doppiata da Dakota Fanning).

La trama segue Coraline, una ragazzina curiosa e avventurosa che si trasferisce con i suoi genitori in una vecchia casa chiamata Pink Palace Apartments. I genitori di Coraline, occupati con il loro lavoro, prestano poca attenzione alla figlia, lasciandola spesso sola e annoiata. Durante l'esplorazione della nuova casa, Coraline scopre una piccola porta segreta che, una volta attraversata, la conduce in un mondo parallelo che sembra essere una versione idealizzata della sua vita reale.

In questo mondo alternativo, Coraline incontra i suoi "Altri Genitori", che hanno bottoni al posto degli occhi e sembrano più amorevoli e attenti rispetto ai suoi veri genitori. Tuttavia, Coraline presto scopre che questo mondo perfetto nasconde un oscuro segreto. L'Altra Madre (doppiata da Teri Hatcher), una figura sinistra che governa il mondo parallelo, cerca di trattenere Coraline per sempre offrendo di cucirle i bottoni sugli occhi, trasformandola in una delle sue creature.

Determinata a tornare a casa e salvare i suoi veri genitori, Coraline deve affrontare varie sfide e scoprire il coraggio dentro di sé. Con l'aiuto di un gatto parlante (doppiato da Keith David) e di alcuni vicini eccentrici, Coraline combatte contro l'Altra Madre per liberarsi dalla sua presa e riportare la pace nel suo mondo.

"Coraline e la porta magica" esplora temi di desiderio, identità e coraggio. Coraline rappresenta la curiosità e il desiderio di qualcosa di meglio, mentre il mondo parallelo riflette i pericoli del desiderio inespresso e della soddisfazione superficiale. Il film offre una lezione potente sull'importanza di apprezzare ciò che si ha e di trovare la forza per affrontare le proprie paure.

L'animazione in stop-motion è uno degli aspetti più impressionanti del film. La meticolosa attenzione ai dettagli, i personaggi unici e i paesaggi surreali creano un'atmosfera che è al contempo affascinante e inquietante. Ogni fotogramma del film è una testimonianza dell'arte dell'animazione, con movimenti fluidi e un design visivo che cattura perfettamente il tono gotico e magico della storia.

La colonna sonora, composta da Bruno Coulais, aggiunge ulteriore profondità e atmosfera al film, con musiche che variano dal dolce al sinistro, riflettendo i cambiamenti nel mondo di Coraline. La combinazione di musica, immagini e narrazione crea un'esperienza cinematografica immersiva che coinvolge gli spettatori dall'inizio alla fine.

Le performance vocali sono eccezionali, con Dakota Fanning che offre una rappresentazione convincente e simpatica di Coraline. Teri Hatcher, nel ruolo dell'Altra Madre, riesce a essere sia affascinante che terrificante, mentre Keith David, come il gatto, aggiunge un tocco di mistero e saggezza al suo personaggio.

"Coraline e la porta magica" è stato accolto con recensioni positive dalla critica e dal pubblico, elogiato per la sua originalità, la sua narrazione avvincente e la sua straordinaria qualità visiva. Il film ha vinto numerosi premi e ha consolidato il suo posto come un classico moderno dell'animazione dark fantasy.

In conclusione, "Coraline e la porta magica" è un film d'animazione straordinario che combina una storia avvincente con un'animazione in stop-motion eccezionale. È un viaggio attraverso un mondo di meraviglia e pericolo, che invita gli spettatori a esplorare le profondità della loro immaginazione e a trovare il coraggio di affrontare le loro paure. Con la sua narrazione ricca di temi universali e il suo stile visivo unico, il film rimane una pietra miliare nel genere dell'animazione e una testimonianza del potere della fantasia.

93. Kubo e la spada magica (Kubo and the Two Strings) - 2016

"Kubo e la spada magica" è un film d'animazione in stop-motion del 2016 diretto da Travis Knight, prodotto dallo studio Laika. Il film è una straordinaria avventura fantasy che combina una narrazione emozionante con una splendida animazione artigianale, esplorando temi di famiglia, coraggio e il potere delle storie.

La trama segue Kubo (doppiato da Art Parkinson), un giovane ragazzo che vive in un piccolo villaggio giapponese con sua madre. Kubo ha il dono di raccontare storie magiche usando origami animati, ma deve nascondere la sua presenza dal malvagio Nonno, il Re Luna (doppiato da Ralph Fiennes), che ha rubato un occhio a Kubo quando era bambino e che ora cerca di prendere il secondo occhio per completare la sua trasformazione in un essere immortale.

Un giorno, durante un festival, Kubo viene scoperto dalle sorelle streghe (doppiate da Rooney Mara) del Re Luna. Inizia così una pericolosa avventura per Kubo, che deve trovare la spada magica, l'armatura invincibile e l'elmo impenetrabile, gli unici artefatti che possono proteggerlo dal potere del Nonno. Durante il suo viaggio, Kubo è accompagnato da Monkey (doppiata da Charlize Theron), una scimmia protettiva, e Beetle (doppiato da Matthew McConaughey), un samurai trasformato in uno scarabeo umanoide che soffre di amnesia.

Lungo il percorso, Kubo e i suoi compagni affrontano varie sfide, tra cui creature magiche e gli assassini inviati dal Re Luna. Ogni incontro è una prova di forza e ingenuità per Kubo, che impara a usare il suo potere magico con sempre maggiore abilità. La storia culmina in un epico scontro finale, dove Kubo scopre verità sorprendenti sulla sua famiglia e sulla natura del suo potere.

"Kubo e la spada magica" esplora temi profondi come la perdita, la memoria e il perdono. Kubo deve affrontare la verità sulla sua famiglia e trovare il coraggio di perdonare e di accettare la propria identità. La sua avventura è una metafora del viaggio di crescita personale, dove le storie e i ricordi diventano strumenti di guarigione e di forza.

L'animazione in stop-motion del film è eccezionale, con dettagli intricati e movimenti fluidi che danno vita a un mondo magico e vibrante. Ogni scena è meticolosamente realizzata, riflettendo l'arte e la dedizione degli animatori di Laika. I paesaggi giapponesi, i personaggi e le creature mitologiche sono rappresentati con una bellezza mozzafiato, creando un'esperienza visiva immersiva.

La colonna sonora, composta da Dario Marianelli, aggiunge ulteriore profondità e emozione al film, con musiche che spaziano dal delicato al potente, accompagnando perfettamente le avventure di Kubo. Le canzoni e le melodie del film sono ispirate alla musica tradizionale giapponese, contribuendo a creare un'atmosfera autentica e coinvolgente.

Le performance vocali sono eccezionali, con Art Parkinson che offre una rappresentazione sincera e toccante di Kubo. Charlize Theron e Matthew McConaughey portano i loro personaggi a vita con carisma e profondità, mentre Ralph Fiennes e Rooney Mara offrono interpretazioni minacciose e affascinanti come i principali antagonisti.

"Kubo e la spada magica" ha ricevuto ampi consensi dalla critica e ha vinto numerosi premi per la sua animazione e narrazione. Il film è stato lodato per la sua originalità, la sua qualità visiva e i suoi temi universali, consolidando Laika come uno degli studi di animazione più innovativi e creativi del settore.

In conclusione, "Kubo e la spada magica" è un capolavoro dell'animazione che combina una storia avvincente con una straordinaria qualità visiva. È un viaggio attraverso un mondo di meraviglia e pericolo, che invita gli spettatori a esplorare le profondità della loro immaginazione e a trovare forza nelle storie e nei ricordi. Con la sua narrazione emozionante e la sua bellezza artistica, il film rimane una testimonianza del potere dell'animazione e della magia delle storie.

94. La forma dell'acqua (The Shape of Water) - 2017

"La forma dell'acqua" è un film fantasy romantico del 2017 diretto da Guillermo del Toro. Ambientato durante la Guerra Fredda negli Stati Uniti degli anni '60, il film combina elementi di fantasy, romanticismo e dramma, esplorando temi di amore, diversità e umanità.

La protagonista è Elisa Esposito (Sally Hawkins), una donna muta che lavora come addetta alle pulizie in un laboratorio governativo segreto a Baltimora. Elisa conduce una vita solitaria e routinaria, comunicando attraverso il linguaggio dei segni con i pochi amici che ha, tra cui la collega Zelda (Octavia Spencer) e il vicino di casa Giles (Richard Jenkins).

La vita di Elisa cambia radicalmente quando nel laboratorio arriva una misteriosa creatura anfibia catturata in Sud America. La creatura, interpretata da Doug Jones, è tenuta prigioniera e sottoposta a crudeli esperimenti dal colonnello Richard Strickland (Michael Shannon), un uomo spietato e senza scrupoli.

Elisa, affascinata dalla creatura, inizia a sviluppare un legame segreto con essa, portandole cibo e insegnandole il linguaggio dei segni. Con il tempo, la connessione tra Elisa e la creatura diventa sempre più profonda, trasformandosi in un amore puro e incondizionato. Decisa a salvarla dalle torture e dalla possibile morte, Elisa pianifica una fuga audace per liberare la creatura e riportarla al suo ambiente naturale.

Con l'aiuto di Zelda, Giles e un medico dissidente di nome Hoffstetler (Michael Stuhlbarg), Elisa riesce a portare la creatura fuori dal laboratorio e la nasconde nel suo appartamento. Tuttavia, Strickland è determinato a ritrovare la creatura e farà di tutto per impedirne la fuga.

Il film culmina in un climax emozionante e tragico, dove Elisa e la creatura lottano per la loro libertà e il loro amore contro le forze opposte. "La forma dell'acqua" esplora il tema dell'alterità, mostrando come l'amore e l'empatia possano trascendere le barriere della comunicazione e della diversità.

La regia di Guillermo del Toro è magistrale, creando un'atmosfera fiabesca e immersiva con l'uso di colori ricchi, scenografie dettagliate e una colonna sonora evocativa composta da Alexandre Desplat. Ogni inquadratura è curata con attenzione, riflettendo l'occhio artistico di del Toro e il suo amore per i dettagli visivi.

Le performance degli attori sono straordinarie, con Sally Hawkins che offre una rappresentazione potente e commovente di Elisa. La sua capacità di comunicare emozioni profonde senza parole è una testimonianza del suo talento e della sua sensibilità come attrice. Michael Shannon è minaccioso e convincente nel ruolo dell'antagonista Strickland, mentre Octavia Spencer e Richard Jenkins forniscono supporto emotivo e umoristico come amici leali di Elisa.

"La forma dell'acqua" ha ricevuto ampi consensi dalla critica e ha vinto numerosi premi, tra cui l'Oscar per il miglior film, la miglior regia, la miglior scenografia e la miglior colonna sonora originale. Il film è stato lodato per la sua originalità, la sua narrazione emotiva e la sua straordinaria qualità visiva.

In conclusione, "La forma dell'acqua" è un film che tocca il cuore e l'immaginazione, raccontando una storia di amore, empatia e resistenza contro l'ingiustizia. È un viaggio attraverso un mondo di meraviglia e pericolo, dove la bellezza e la diversità sono celebrate come forze potenti e trasformative. Con la sua narrazione avvincente, le sue performance eccezionali e la sua bellezza visiva, il film rimane una testimonianza del talento di Guillermo del Toro e della magia del cinema.

95. Maleficent (Maleficent) - 2014

"Maleficent" è un film fantasy del 2014 diretto da Robert Stromberg, che offre una rivisitazione della classica fiaba della "Bella Addormentata" dal punto di vista della villain Malefica, interpretata da Angelina Jolie. Il film esplora i retroscena e le motivazioni del personaggio, offrendo una nuova prospettiva sulla storia tradizionale.

La trama inizia con una giovane Malefica, una fata potente e benevola che vive nella radura magica chiamata Brughiera, un regno pacifico abitato da creature magiche. Malefica (interpretata da Isobelle Molloy da giovane e da Angelina Jolie da adulta) trascorre le sue giornate in armonia con la natura e con gli altri abitanti della Brughiera. Tuttavia, la sua vita cambia quando incontra un giovane umano di nome Stefano (interpretato da Michael Higgins da giovane e da Sharlto Copley da adulto).

Malefica e Stefano sviluppano un'amicizia che si trasforma in amore, ma le ambizioni di Stefano lo portano a tradire Malefica. Per guadagnarsi il favore del re e ottenere il trono, Stefano inganna Malefica, tagliandole le ali e presentandole al re come prova del suo valore. Questo atto di tradimento trasforma Malefica da una fata benevola a una figura vendicativa e oscura.

Determinata a vendicarsi, Malefica maledice la neonata figlia di Stefano, Aurora (Elle Fanning), proclamando che cadrà in un sonno eterno al compimento del suo sedicesimo compleanno, dopo essersi punta con il fuso di un arcolaio. Solo un bacio di vero amore potrà rompere la maledizione.

Aurora viene cresciuta in segreto da tre fate goffe e benevolenti, mentre Malefica osserva da lontano. Con il passare del tempo, Malefica sviluppa un affetto materno per Aurora, iniziando a pentirsi della sua maledizione. Malefica tenta di revocare la maledizione, ma scopre che è irrevocabile.

Quando Aurora cade vittima della maledizione, Malefica, con il cuore spezzato, cerca disperatamente un modo per salvarla. Alla fine, è il bacio di Malefica, un atto di vero amore materno, che risveglia Aurora dal sonno eterno, dimostrando che il vero amore non è solo romantico, ma può essere anche familiare e incondizionato.

Il film esplora temi di redenzione, amore e il potere del perdono. La trasformazione di Malefica da una figura vendicativa a una figura materna amorevole riflette un viaggio di crescita personale e di guarigione. Il rapporto tra Malefica e Aurora diventa il fulcro emotivo della storia, sfidando le convenzioni delle fiabe tradizionali.

Visivamente, "Maleficent" è spettacolare, con effetti speciali mozzafiato e scenografie elaborate che creano un mondo di meraviglia e magia. La Brughiera è rappresentata come un luogo incantevole, pieno di creature magiche e paesaggi lussureggianti, mentre il castello umano è una fortezza imponente e oscura. La regia di Robert Stromberg e la cinematografia di Dean Semler catturano perfettamente l'atmosfera fiabesca e gotica della storia.

La performance di Angelina Jolie è uno degli aspetti più acclamati del film. Jolie porta profondità e complessità al personaggio di Malefica, rendendola una figura affascinante e multidimensionale. La sua presenza magnetica e la sua capacità di esprimere una vasta gamma di emozioni fanno di Malefica un personaggio memorabile e coinvolgente. Elle Fanning offre una rappresentazione dolce e innocente di Aurora, mentre Sharlto Copley è convincente come l'ambizioso e tormentato Stefano.

La colonna sonora di James Newton Howard aggiunge ulteriore atmosfera al film, con musiche che variano dal maestoso al misterioso, riflettendo i toni cangianti della narrazione. La combinazione di musica, immagini e narrazione crea un'esperienza cinematografica immersiva che cattura l'immaginazione dello spettatore.

"Maleficent" ha ricevuto recensioni positive dalla critica e ha avuto un grande successo al botteghino, consolidando il suo posto come una delle rivisitazioni di fiabe più amate degli ultimi anni. Il film è stato lodato per la sua originalità, la sua qualità visiva e la performance straordinaria di Angelina Jolie.

In conclusione, "Maleficent" è un film che offre una nuova prospettiva su una storia classica, esplorando temi di amore, redenzione e il potere del perdono. È un viaggio attraverso un mondo di magia e meraviglia, che invita gli spettatori a vedere oltre le apparenze e a scoprire la bellezza e la complessità nascosta in ogni personaggio. Con la sua narrazione avvincente, le sue straordinarie immagini e le sue potenti performance, "Maleficent" rimane una testimonianza del potere delle fiabe di toccare il cuore e l'immaginazione.

96. Frozen - Il regno di ghiaccio (Frozen) - 2013

"Frozen - Il regno di ghiaccio" è un film d'animazione del 2013 prodotto da Walt Disney Animation Studios e diretto da Chris Buck e Jennifer Lee. Il film è ispirato alla fiaba "La regina delle nevi" di Hans Christian Andersen, ma offre una rivisitazione moderna con temi di amore fraterno, accettazione di sé e superamento delle paure.

La storia è ambientata nel regno di Arendelle e segue le avventure di due sorelle, Elsa (doppiata da Idina Menzel) e Anna (doppiata da Kristen Bell). Elsa, la maggiore, possiede il potere magico di creare ghiaccio e neve, un dono che cerca disperatamente di tenere nascosto per paura di far del male a chi le sta vicino. Da bambina, Elsa ferisce accidentalmente Anna durante un gioco e, per proteggerla, i loro genitori decidono di separarle, isolando Elsa e cancellando i ricordi di Anna sui poteri di sua sorella.

Quando i genitori delle ragazze muoiono in un naufragio, Elsa diventa la regina di Arendelle. Durante la sua incoronazione, Elsa perde il controllo dei suoi poteri, scatenando un inverno eterno nel regno e fuggendo nelle montagne per vivere in solitudine. Anna, determinata a riportare Elsa a casa e a salvare Arendelle, intraprende un'avventura per trovarla, accompagnata da Kristoff (doppiato da Jonathan Groff), un venditore di ghiaccio, la sua renna Sven e un pupazzo di neve vivente di nome Olaf (doppiato da Josh Gad).

Il viaggio di Anna è pieno di sfide e pericoli, ma anche di momenti di crescita personale e di amicizia. Durante la ricerca, Anna scopre che l'unico modo per fermare l'inverno eterno è attraverso un atto di vero amore. Tuttavia, invece di un tradizionale bacio romantico, il film rivela che l'atto di vero amore è il sacrificio di Anna per salvare Elsa, dimostrando l'importanza dell'amore fraterno.

"Frozen" esplora temi di accettazione di sé e superamento delle paure. Elsa deve imparare ad abbracciare i suoi poteri e a non lasciarsi dominare dalla paura, mentre Anna deve affrontare la verità sui suoi sentimenti e il suo desiderio di riconnettersi con sua sorella. La storia sottolinea l'importanza dell'amore e della famiglia, mostrando che il vero amore può assumere molte forme diverse.

Visivamente, "Frozen" è spettacolare, con una grafica d'animazione all'avanguardia che cattura la bellezza e la maestosità del regno di ghiaccio di Elsa. Le scene di neve e ghiaccio sono particolarmente impressionanti, con dettagli intricati che rendono ogni fiocco di neve unico e realistico. La canzone "Let It Go", interpretata da Idina Menzel, è diventata un fenomeno culturale, esprimendo il tema dell'auto-accettazione e della libertà.

Le performance vocali sono eccezionali, con Idina Menzel che offre una rappresentazione potente e emozionante di Elsa. Kristen Bell è affascinante e vivace come Anna, portando un senso di avventura e determinazione al personaggio. Josh Gad aggiunge un tocco di umorismo e dolcezza come Olaf, mentre Jonathan Groff è convincente e simpatico nel ruolo di Kristoff.

"Frozen" ha ricevuto ampi consensi dalla critica e dal pubblico, diventando uno dei film d'animazione di maggior successo di tutti i tempi. Ha vinto numerosi premi, tra cui due Oscar per la migliore canzone originale ("Let It Go") e il miglior film d'animazione. Il film ha generato un vasto merchandising, spettacoli teatrali e un sequel, "Frozen II", uscito nel 2019.

In conclusione, "Frozen - Il regno di ghiaccio" è un capolavoro dell'animazione che combina una narrazione avvincente con una splendida grafica e canzoni memorabili. È una storia di amore, coraggio e scoperta di sé, che invita gli spettatori a esplorare le profondità delle loro emozioni e a trovare la forza dentro di sé. Con la sua narrazione emozionante, le sue performance eccezionali e la sua bellezza visiva, il film rimane una testimonianza del potere delle storie di toccare il cuore e l'immaginazione di persone di tutte le età.

97. Come d'incanto (Enchanted) - 2007

"Come d'incanto" è un film fantasy musicale del 2007 diretto da Kevin Lima, che mescola animazione tradizionale e live-action per raccontare una storia magica e romantica. Il film è una parodia e un omaggio ai classici film d'animazione Disney, esplorando i temi dell'amore, della crescita personale e della magia.

La trama inizia nel regno animato di Andalasia, dove la giovane e bella Giselle (doppiata da Amy Adams) sogna di trovare il suo vero amore. Giselle vive una vita idilliaca e piena di canzoni insieme ai suoi amici animali, fino a quando incontra il Principe Edward (doppiato da James Marsden). I due si innamorano immediatamente e decidono di sposarsi, ma la perfida Regina Narissa (doppiata da Susan Sarandon), temendo di perdere il suo trono, trama per sbarazzarsi di Giselle.

Nel giorno del matrimonio, Narissa inganna Giselle e la spinge in un pozzo magico che la trasporta nel mondo reale di New York City, trasformandola in una persona in carne e ossa. Sperduta e confusa, Giselle cerca disperatamente di trovare una via d'uscita dal caotico mondo moderno e di ritornare a casa.

Nel frattempo, nel mondo reale, l'avvocato divorzista Robert Philip (Patrick Dempsey) e sua figlia Morgan (Rachel Covey) trovano Giselle e, nonostante il suo comportamento stravagante e le sue convinzioni fiabesche, decidono di aiutarla. Mentre Robert cerca di spiegare a Giselle la realtà della vita moderna, lei porta un tocco di magia e innocenza nella loro vita, insegnando loro il valore della speranza e del romanticismo.

Nel corso del film, Giselle e Robert sviluppano una profonda connessione, mettendo in discussione le loro idee sull'amore e sulle relazioni. Nel frattempo, il Principe Edward arriva a New York per salvare Giselle, accompagnato dal fedele servo Nathaniel (Timothy Spall) e dall'esuberante scoiattolo Pip. La Regina Narissa, determinata a eliminare Giselle, segue a sua volta, portando a un climax drammatico e magico nel cuore di New York.

"Come d'incanto" esplora temi di crescita personale, amore e il potere della magia nella vita di tutti i giorni. Giselle rappresenta l'innocenza e la purezza del vero amore, mentre il viaggio di Robert riflette la lotta tra il cinismo e la riscoperta della meraviglia. Il film mette in evidenza l'importanza di credere nei sogni e di trovare la bellezza nel mondo che ci circonda.

La combinazione di animazione tradizionale e live-action è uno degli aspetti più innovativi del film, con sequenze animate che catturano l'estetica dei classici Disney e transizioni fluide tra i due mondi. Le scene musicali, composte da Alan Menken e scritte da Stephen Schwartz, sono memorabili e aggiungono un ulteriore strato di magia e divertimento alla storia. Canzoni come "True Love's Kiss" e "That's How You Know" sono diventate iconiche e riflettono perfettamente lo spirito del film.

Le performance degli attori sono straordinarie, con Amy Adams che offre una rappresentazione affascinante e convincente di Giselle. La sua capacità di portare in vita un personaggio fiabesco con autenticità e carisma è uno dei punti di forza del film. Patrick Dempsey è altrettanto convincente come Robert, offrendo un equilibrio perfetto tra pragmatismo e romanticismo. James Marsden e Susan Sarandon aggiungono umorismo e dramma con le loro interpretazioni esagerate e divertenti.

"Come d'incanto" ha ricevuto ampi consensi dalla critica e dal pubblico, diventando un successo commerciale e consolidando il suo posto come un moderno classico Disney. Il film è stato lodato per la sua originalità, il suo umorismo e la sua capacità di fondere tradizione e innovazione.

In conclusione, "Come d'incanto" è un film che celebra la magia delle fiabe e l'importanza di credere nei sogni. È una storia di amore, crescita personale e riscoperta della meraviglia, che invita gli spettatori a vedere il mondo con occhi nuovi e a trovare la bellezza nelle piccole cose. Con la sua narrazione avvincente, le sue performance eccezionali e la sua bellezza visiva, il film rimane una testimonianza del potere delle storie di toccare il cuore e l'immaginazione di persone di tutte le età.

98. Into the Woods (Into the Woods) - 2014

"Into the Woods" è un film musicale fantasy del 2014 diretto da Rob Marshall, basato sull'omonimo musical di Stephen Sondheim e James Lapine. Il film intreccia le trame di diverse fiabe classiche, esplorando temi di desiderio, conseguenza e crescita personale attraverso una narrazione complessa e affascinante.

La trama principale segue un fornaio (James Corden) e sua moglie (Emily Blunt), che desiderano disperatamente avere un figlio. La coppia scopre di essere stata maledetta da una strega (Meryl Streep) che abita accanto a loro, e per spezzare la maledizione, devono raccogliere quattro oggetti magici entro tre giorni: una mucca bianca come il latte, un mantello rosso come il sangue, capelli biondi come il mais e una scarpetta d'oro.

Durante il loro viaggio nel bosco, il fornaio e sua moglie incontrano vari personaggi delle fiabe, tra cui Cenerentola (Anna Kendrick), che sogna di partecipare al ballo del principe; Cappuccetto Rosso (Lilla Crawford), che va a trovare la nonna portando un cestino di dolci; Jack (Daniel Huttlestone), un ragazzo ingenuo che vende la sua mucca per dei fagioli magici; e Rapunzel (Mackenzie Mauzy), tenuta prigioniera in una torre dalla strega.

Ogni personaggio ha un desiderio che spera di realizzare, ma mentre le loro storie si intrecciano, emergono le conseguenze inattese dei loro desideri. Cenerentola deve affrontare la realtà del matrimonio con il principe (Chris Pine), che non è esattamente come nei suoi sogni. Jack deve fare i conti con la responsabilità delle sue azioni dopo aver abbattuto il gigante nel cielo. Il fornaio e sua moglie scoprono che avere un figlio comporta nuove sfide e sacrifici.

La strega, che inizialmente sembra essere l'antagonista, rivela una profondità emotiva nel suo desiderio di proteggere Rapunzel e di ripristinare la sua giovinezza e bellezza perdute. La sua canzone "Last Midnight" è un punto culminante del film, esprimendo il conflitto tra potere e amore materno.

Il film esplora temi di crescita personale e maturità, mostrando come i personaggi devono affrontare le conseguenze delle loro azioni e imparare a fare i conti con la complessità della vita. Il bosco rappresenta un luogo di prova e trasformazione, dove ogni personaggio deve affrontare le proprie paure e scoprire chi è veramente.

La regia di Rob Marshall è visivamente spettacolare, con scenografie elaborate e costumi dettagliati che creano un'atmosfera fiabesca e immersiva. La cinematografia di Dion Beebe cattura la bellezza e la misteriosità del bosco, rendendo ogni scena visivamente affascinante. Le sequenze musicali sono coreografate con cura, con canzoni che avanzano la trama e sviluppano i personaggi in modo emotivamente potente.

Le performance degli attori sono eccezionali, con Meryl Streep che offre una rappresentazione magnetica e complessa della strega. Emily Blunt e James Corden sono convincenti e toccanti come il fornaio e sua moglie, mentre Anna Kendrick, Chris Pine e gli altri membri del cast portano in vita i loro personaggi fiabeschi con carisma e profondità.

La colonna sonora di Stephen Sondheim è uno degli aspetti più memorabili del film, con canzoni che vanno dal comico al drammatico, riflettendo la varietà di toni e temi della storia. Brani come "Agony", "On the Steps of the Palace" e "No One is Alone" sono particolarmente potenti, catturando l'essenza dei desideri e delle sfide dei personaggi.

"Into the Woods" è stato accolto con recensioni positive dalla critica e ha avuto un buon successo al botteghino. Il film è stato lodato per la sua fedeltà al materiale originale, la qualità delle performance e la bellezza visiva.

In conclusione, "Into the Woods" è un film che intreccia abilmente diverse storie fiabesche per esplorare temi di desiderio, conseguenza e crescita personale. È un viaggio attraverso un mondo magico e complesso, che invita gli spettatori a riflettere sulle loro speranze e paure e a scoprire la bellezza nella complessità della vita. Con la sua narrazione avvincente, le sue performance eccezionali e la sua bellezza visiva, il film rimane una testimonianza del potere delle storie di toccare il cuore e l'immaginazione di persone di tutte le età.

99. Il drago invisibile (Pete's Dragon) - 2016

"Il drago invisibile" è un film fantasy del 2016 diretto da David Lowery, che reinterpreta il classico film Disney del 1977 con una nuova sensibilità e una moderna tecnica di narrazione. Il film racconta la commovente storia di un ragazzo e del suo amico drago in un'avventura che esplora temi di famiglia, amicizia e scoperta di sé.

La trama segue Pete (Oakes Fegley), un bambino che sopravvive a un incidente automobilistico che uccide i suoi genitori. Perso nella foresta, Pete incontra un drago gigante e amichevole che chiama Elliot. Elliot, con la capacità di rendersi invisibile, diventa il protettore e il compagno di Pete, crescendo insieme a lui nei boschi per sei anni.

La vita di Pete cambia quando viene scoperto da Grace Meacham (Bryce Dallas Howard), una guardia forestale che lavora nella foresta in cui Pete vive. Grace, insieme al suo fidanzato Jack (Wes Bentley) e alla figlia di Jack, Natalie (Oona Laurence), accoglie Pete nella loro casa, cercando di capire la sua misteriosa storia.

Pete racconta loro di Elliot, ma inizialmente nessuno crede alla sua storia di un drago invisibile. Tuttavia, Grace inizia a investigare e scopre che ci sono leggende locali che parlano di un drago nella foresta, raccontate da suo padre, Mr. Meacham (Robert Redford). Man mano che la verità su Elliot viene alla luce, la famiglia deve proteggere il drago dalle minacce esterne, in particolare da Gavin (Karl Urban), il fratello di Jack, che vede Elliot come una preda da catturare.

Il film esplora temi di perdita, sopravvivenza e la ricerca di un senso di appartenenza. Pete deve adattarsi a una nuova vita tra gli umani, mentre Elliot deve affrontare la realtà di essere esposto al mondo. La loro amicizia diventa una metafora del legame tra la natura e l'umanità, mostrando come l'amore e la comprensione possano superare le differenze.

Visivamente, "Il drago invisibile" è spettacolare, con effetti speciali che danno vita a Elliot in modo realistico e affascinante. Il design di Elliot, con un aspetto soffice e simile a un peluche, lo rende un personaggio simpatico e memorabile. La regia di David Lowery è sensibile e toccante, catturando la bellezza naturale della foresta e la magia del legame tra Pete ed Elliot.

Le performance degli attori sono commoventi e autentiche, con Oakes Fegley che offre una rappresentazione sincera e toccante di Pete. Bryce Dallas Howard è convincente e empatica come Grace, mentre Robert Redford aggiunge gravitas e saggezza al ruolo di Mr. Meacham. Karl Urban è efficace come antagonista, portando tensione e conflitto alla storia.

La colonna sonora, composta da Daniel Hart, aggiunge ulteriore atmosfera al film, con musiche che spaziano dal melodico al drammatico, riflettendo i toni cangianti della narrazione. La combinazione di musica, immagini e narrazione crea un'esperienza cinematografica immersiva che coinvolge gli spettatori dall'inizio alla fine.

"Il drago invisibile" ha ricevuto recensioni positive dalla critica e ha avuto un buon successo al botteghino. Il film è stato lodato per la sua qualità visiva, la sua narrazione emozionante e le sue potenti performance.

In conclusione, "Il drago invisibile" è un film che celebra la magia dell'amicizia e la bellezza della natura. È una storia di crescita personale, scoperta di sé e il potere del legame tra umani e creature fantastiche. Con la sua narrazione avvincente, le sue performance eccezionali e la sua bellezza visiva, il film rimane una testimonianza del potere delle storie di toccare il cuore e l'immaginazione di persone di tutte le età.

100. Cenerentola (Cinderella) - 2015

"Cenerentola" è un film fantasy del 2015 diretto da Kenneth Branagh, che offre una rivisitazione live-action del classico film d'animazione Disney del 1950. Il film rimane fedele alla storia originale, ma aggiunge profondità ai personaggi e esplora temi di gentilezza, coraggio e il potere della speranza.

La trama segue la giovane Ella (Lily James), una ragazza gentile e generosa che vive una vita felice con i suoi genitori in un bellissimo maniero di campagna. Tuttavia, la sua vita cambia drasticamente quando sua madre (Hayley Atwell) muore e suo padre (Ben Chaplin) si risposa con Lady Tremaine (Cate Blanchett), una donna fredda e calcolatrice.

Quando anche il padre di Ella muore, Lady Tremaine e le sue due figlie, Anastasia (Holliday Grainger) e Drisella (Sophie McShera), relegano Ella a una vita di servitù, ribattezzandola Cenerentola a causa della cenere che le copre il viso dopo le fatiche domestiche. Nonostante le difficoltà, Ella mantiene il suo spirito gentile e il suo cuore pieno di speranza, seguendo il consiglio di sua madre di "essere gentile e avere coraggio".

Un giorno, mentre cavalca nel bosco, Ella incontra il Principe (Richard Madden), che si presenta come Kit. I due sviluppano una connessione immediata, ma Ella non sa che Kit è in realtà il principe ereditario del regno. Nel frattempo, il re (Derek Jacobi) organizza un ballo per trovare una sposa al principe, invitando tutte le giovani donne del regno.

Determinata a partecipare al ballo nonostante le proibizioni di Lady Tremaine, Ella riceve l'aiuto della sua Fata Madrina (Helena Bonham Carter), che con un tocco di magia trasforma una zucca in una carrozza, i topolini in cavalli e il suo abito logoro in un magnifico vestito da ballo. Tuttavia, l'incantesimo durerà solo fino a mezzanotte.

Al ballo, Ella e il principe si innamorano, ma allo scoccare della mezzanotte, Ella deve fuggire, perdendo una scarpetta di cristallo lungo il percorso. Determinato a ritrovarla, il principe ordina che tutte le giovani donne del regno provino la scarpetta, sperando di ritrovare la sua amata.

Il film culmina in un finale emozionante, dove Ella viene finalmente trovata e riconosciuta dal principe. Con l'aiuto della magia e della sua indomabile gentilezza, Ella riesce a superare le avversità e a trovare la felicità che merita.

Visivamente, "Cenerentola" è spettacolare, con costumi elaborati e scenografie sontuose che catturano la magia e la bellezza della fiaba. La regia di Kenneth Branagh è elegante e sensibile, bilanciando momenti di dramma e umorismo con una narrazione avvincente.

Le performance degli attori sono eccezionali, con Lily James che offre una rappresentazione affascinante e sincera di Ella. Cate Blanchett è magnetica e complessa nel ruolo di Lady Tremaine, portando una nuova dimensione di profondità al personaggio. Richard Madden è affascinante e carismatico come il principe, mentre Helena Bonham Carter aggiunge un tocco di umorismo e magia come la Fata Madrina.

La colonna sonora, composta da Patrick Doyle, aggiunge ulteriore atmosfera al film, con musiche che riflettono perfettamente i toni romantici e magici della storia. La combinazione di musica, immagini e narrazione crea un'esperienza cinematografica immersiva che coinvolge gli spettatori dall'inizio alla fine.

"Cenerentola" ha ricevuto recensioni positive dalla critica e ha avuto un grande successo al botteghino. Il film è stato lodato per la sua fedeltà alla storia originale, la qualità delle performance e la sua straordinaria bellezza visiva.

In conclusione, "Cenerentola" è un film che celebra la magia delle fiabe e l'importanza della gentilezza e del coraggio. È una storia di amore, speranza e resistenza contro l'ingiustizia, che invita gli spettatori a credere nei sogni e a trovare la bellezza nel mondo che li circonda. Con la sua narrazione avvincente, le sue performance eccezionali e la sua bellezza visiva, il film rimane una testimonianza del potere delle storie di toccare il cuore e l'immaginazione di persone di tutte le età.

www.ingramcontent.com/pod-product-compliance
Lightning Source LLC
Chambersburg PA
CBHW051551250726
48653CB00004BA/1090